SAVANNAH SUN

Kicks for School

Lernen neu verstehen

für alle jungen Menschen

Herstellung und Verlag: BoD – Books on Demand,
Norderstedt
ISBN: 9783755758969

chemischen Vorgängen der Abspeicherung kommen kann. Anschließend betrachten wir, wie vernunftbasierte Denkprozesse entstehen, und welche Rolle ein positives Grundgefühl für ein aufnahmebereites und verlässliches Gedächtnis spielt.

In diesem Zusammenhang erfahren wir, dass der Hirnstamm der Boss im Gehirn ist. Nur wenn wir uns sicher, geborgen und von unseren Mitmenschen angenommen fühlen ist unser archaischer Sicherheitswächter besänftigt. Nur dann sind wir in der Lage, feine Unterschiede wahrzunehmen, komplex zu denken und das, für schulisches Lernen zuständige Großhirn optimal anzuzapfen.

Vernunft und Denken stehen also entscheidend in Zusammenhang mit mitmenschlichen Erfahrungen.

Neueste Ergebnisse der Hirnforschung offenbaren, dass einfühlsame Bezugspersonen messbar den Aufbau und die Funktionsweise neuronaler Netze und damit die Lernfähigkeit eines Menschen beeinflussen.

Eine gute Bindung zu empathischen Bezugspersonen entscheidet, wie sich unser neuronales System mit neuen Reizen auseinandersetzen kann. Sie beeinflusst positiv, wie komplex unser sprachliches System wird, wie wir uns Raumdimensionen, mathematische und geometrische Begriffe erobern.

Sie prägt auch das, was wir von uns selbst denken, wie wir uns und unsere Gefühle unter Kontrolle haben und wie offen wir auf die Welt zugehen.

Eine sichere Bindung, mit gelungenen Spiegelprozessen im Säuglings-, Kindes- und Jugendalter, erzeugt ein im Hirnstamm eingeschriebenes beruhigtes Grundlebensgefühl, ein neuronales Muster, welches lebenslang das Lernen erleichtert.

Unsichere, unfreie Bindungserfahrungen dagegen beeinträchtigen die Psyche und das Lernen. Menschen, deren Bindung beispielsweise durch Nichtbeachtung, Unterordnung, Anpassung und übertriebene Sauberkeitserziehung geprägt ist, leiden an einer Auflösung der eigenen Grenzen sowie massiven Verlustängsten, häufig kompensiert durch übermäßigen Leistungsdrang, einen Hang zu Grandiosität und optimierungsgetriebener Perfektion.

Unser Gesellschafts- und Erziehungssystem ist nicht nur während des letzten Krieges, sondern fatalerweise noch heute, Jahrzehnte danach, in diese narzisstisch-perfektionistische Richtung geschlittert.
So lastet verbreitet ein riesengroßer Druck durch überhöhte Ansprüche aller Art auf unseren jungen Menschen. Seien dies Erfolgsdruck, Leistungsdruck, sozialer Druck oder Druck durch überhöhte mediale Leitbilder.
Unsere Bildungsanstalten verstärken diesen Druck. Mehr denn je werden unter gesundheitsbelastenden Verhältnissen Faktenmassen in die Köpfe junger Menschen gepresst. Es besteht keine Zeit, diese mental zu integrieren und abwägend zu kombinieren. Raum zu tiefem selbständigen Nachdenken, zu Kreativem und Miteinander ist an unseren Schulen Mangelware.
Ein Herauskommen aus diesen Angst-, Druck- und Zwangsschleifen ist aber möglich, wenn man deren Mechanismen kennt. Dann kann man aus den Spiralen von Gier Konkurrenz, Gegeneinander und Besserwisserei aussteigen.
Lehrkräfte wären eigentlich dazu die Schlüsselfiguren. Sie sind aber gefangen in ihren Strukturen und werden es nicht richten. Eltern auch nicht. Sie leiden zwar mit ihren Kindern, haben aber zu viel Angst vor schlechten

Konsequenzen wenn sie gegen den schulpolitischen Mainstream handeln.

Wie bei der Bewusstseinsschaffung zur Klimasituation seid wahrscheinlich wieder Ihr, liebe jungen Leute, die Hauptakteure der Aufgabe, Lernen neu zu denken und Schule menschlich zu machen. Wie Momo in Michael Endes gleichnamiger Geschichte seid ihr noch immun gegen den eiskalten Faktenzauber der „grauen Herren", der euch kostbare Lebenszeit raubt. Ihr habt noch die Gabe, mit ganzem Herzen und unverfälschtem Blick einen Neuanfang zu gestalten.

Kicks for School möchte euch dabei unterstützen.

1. Das Gehirn zeigt uns den Weg

Zackül

Was passiert während eines Lernvorgangs eigentlich genau mit uns ?

Angenommen, wir sind bei Freunden und sehen einen neuen, interessanten Gegenstand.

Instinktiv möchten wir ihn anfassen, spüren und begutachten, bewahren aber natürlich erst einmal höfliche Distanz. Als kleines Kind würden wir das Ding spontan in die Hand nehmen, untersuchen, in den Mund stecken und auf den Boden werfen.

Wir, als clevere Weltbürger, erinnern uns an Gegenstände oder Erlebnisse, die wir mit so ähnlich kantigen Sachen schon hatten und sind vielleicht erst einmal ein bisschen vorsichtig.

Vielleicht sagt irgendwann unser Gastgeber mit einem verschmitzten Blick „Zackül" und hält uns das Gerät mit einer schwungvollen Schraubbewegung vor die Augen. Da wird uns wahrscheinlich dämmern, dass es sich bei dem stylischen Ding um einen Korkenzieher handeln muss.

Durch das tolle Design, die raffinierte Konstruktion, die versteckte Funktion und vor allem durch das verschmitzte Gesicht unseres Freundes lassen wir uns jetzt so begeistern, dass wir kichernd ausprobieren, was man außer Flaschenöffnen sonst noch damit anstellen kann.

Stellen wir uns vor, wir würden eine Woche später unseren

Kumpel mit einer Flasche des derzeit angesagtesten Getränks besuchen. Wir würden wahrscheinlich sofort in die Küche gehen und lässig nach „Zackül"fragen. Wir würden sofort wissen, was wir bräuchten. Denn wir hatten geradezu unter optimalsten Bedingungen gelernt:
Wir waren neugierig und hatten uns wohlgefühlt. Unser Freund ist ein ganz Netter. Wir mögen seine Stimme und seine lustige Art. Fritz sorgt immer für Spaß und Neues. Wir lieben es, zusammen Dinge, die wir nicht kennen, auszuprobieren und dabei Wortspielereien zu betreiben. Zackül, Zackol, Zackeel, Zacköl, gröl....

Lernen funktioniert, grob gesagt, erst einmal so, dass alles, was man in einem offenen neugierigen Zustand sieht, tastet, spürt, hört, riecht und schmeckt, auf dem Weg über elektromagnetische Felder und elektrische Impulse über Nervenbahnen an das Gehirn weitergeleitet wird.
Entsprechend dieses Inputs von Schwingungen entstehen dann im Gehirn besondere Verbindungen von Nervenzellen, ein für jede Person einzigartiges Nervennetz, das den ganz persönlichen Begriff einer wahrgenommenen Sache repräsentiert. Je aufregender oder spannender die Sache ist, je öfter man auf verschiedene Art mit ihr in Berührung kommt, desto stabiler wird das Netz, desto besser hat man gelernt.
Fachbegrifflich nennt man Nervenzellen mit ihren Verbindungen „Neuronen".
Das Gehirn besteht aus Milliarden solcher Neuronen. Diese haben sich im Laufe der menschlichen Entwicklung in miteinander verbundene Gebiete für spezialisierte Aufgaben geordnet.
Es gibt im Gehirn Neuronengebiete für alles Mögliche. Für

Seheindrücke, für Höreindrücke, für Spüreindrücke, für das Gleichgewicht, für die Lage im Raum, für Gerüche, für die Wahrnehmung von gesprochener und geschriebener Sprache, für Sprachverarbeitung und Sprachproduktion.

Es gibt aber auch Neuronengebiete für unsere Körperfunktionen, für den Schutz unseres Körpers, für unsere Gefühle, für unser Selbstbild, für soziales Lernen, für moralische Werte, Selbstkontrolle, bewusstes Denken und Erinnern.

Gebiete für die Sicherheit und den Schutz unsere Körpers sind in der menschlichen Entwicklungsgeschichte früher entstanden, und Gebiete, die mit bewusstem Denken, Erinnern oder auch mit Selbstkontrolle in Verbindung gebracht werden, später.

Die früheren Gebiete, im Hirnstamm gebündelt, funktionieren beim Menschen automatisch. Sie sind im Gegensatz zu den später entwickelten Hirnregionen immer online. Denn sie beherbergen unsere lebenswichtigen Programme. Sicherheit ist vorrangig für das Gehirn.

Geht es um überlebenswichtige Dinge werden reflexartig die Programmanweisungen „fliehe!, kämpfe!" oder „erstarre!" an den Körper ausgegeben.

Wird aber gemeldet „mit dir und deinem Körper ist alles in Ordnung", dann bekommt das Gehirn Lust auf Abwechslung und neue Eindrücke. Erst in diesem Zustand können im Großhirn ankommende Sinnesreize so verarbeitet werden, dass wir auch Feinheiten wahrnehmen und abspeichern. Und somit logisch, geplant und sinnvoll denken können.

Erst jetzt kann bewusstes, gesteuertes Lernen stattfinden.

Es ist also in der Schule noch lange nicht getan mit „Aufgepasst, jetzt lernen wir".

Denn nur ein für uns subjektiv wichtiger Reiz kommt als

elektrischer Impuls auf verschiedenen Sinneskanälen ins Gehirn.

Geschieht das wiederholt und intensiv, entsteht ein sichtbares Nervennetz aus Nervenzellen. Diese kann man sich als kleine Bäume mit einem Kern und Ästen vorstellen. Die Äste, die Dendriten, können aneinander andocken und sich verlängern. Wie wenn ein Mensch dem anderen die Hand gibt und der Arm dabei wächst.

So nehmen in unserem Beispiel mit Zackül die Hörneuronen mit den Sehneuronen, den Fühlneuronen, den Raum-Lage-Neuronen usw. Kontakt auf und docken aneinander an. Sie knüpfen immer neue Verbindungen zwischen den Arealen, die dadurch größer werden. So, wie ein Muskel anschwillt, wenn man ihn trainiert.

Je mehr Sinneseindrücke und Erfahrungen man zu etwas hat, desto vernetzter ist das Gehirn dazu, und desto stabiler ist das Wissen im Gehirn verankert.

Würde man das Gehirn nach unserer Lernerfahrung mit Zackül an einen Computertomografen anschließen, könnte man überall auf der Gehirnlandkarte bunte Lämpchen aufleuchten sehen. Bunte Lämpchen als Zeichen dafür, dass im Gehirn ganz verschiedene Netzwerke aktiv sind.

Jedes Gehirnareal, hat bestimmte eigene Aufgaben. Aber die spinnennetzartige Landkarte des Gehirns macht es auch möglich, dass ein Areal die Aufgaben eines anderen übernimmt. Vielleicht nicht ganz so gut wie das Original, aber immerhin.

Persönlich sinnvoll empfundenes Lernen ist für die Entwicklung unserer Gehirnnetze besser als fremdmotiviertes. Deshalb ist die selbstgesteuerte Suche nach neuen interessanten Reizen beim Lernen in der Schule so wichtig. Informationen, die wir aufnehmen möchten, werden um so dauerhafter eingelagert und können um so besser wieder abgerufen werden, je mehr Sinneszentren beteiligt sind.

Wenn uns zum Beispiel bei der nächsten Party das Wort für den Korkenzieher Zackül nicht gleich einfällen würde, hätten wir vielleicht einen Klang wie „Zacköl" oder „Gröl", im Kopf. Oder wir würden uns an die Drehbewegung unseres Freundes mit dem Designerteil, oder auch an Töne wie „Ü" oder „Ö" erinnern. Und ganz bestimmt daran, wie wir beide mit dem Korkenzieher herumexperimentiert und gelacht haben.

Sollen Lernvorgänge dauernhaft etwas bringen, ist es wichtig, dass im Gehirn stabile, gute Spuren bei der ersten Aufnahme einer neuen Information gelegt werden.

Denn die ersten Spuren werden beim späteren Hinzufügen von Frequenzmustern, also wenn wir später im entsprechenden Bereich unser Wissen erweitern, immer wieder benutzt.

Die klarsten, zu unserem menschlichen Gehirn passenden Spuren werden durch *dreidimensionale Erfahrungen* im Raum und durch das Hantieren mit Dingen angelegt.

Nur wenn ich Begriffe wie „rechts, links, vorwärts, rückwärts, mehr, weniger" im Raum körperlich erlebt habe gelingen mir in Mathe später die Rechenoperationen.

Nur wenn ich weiß, was „oben, unten, vorne, hinten" bedeutet, habe ich eine gute Raumvorstellung für geometrische Aufgaben.

Vielfältiges Erleben und Greifen führen zum „Begreifen".

Zweidimensionales kann in den ersten Lebensjahren nicht ins Gehirn eingelagert werden.

Das konkrete Handeln ist so durch nichts zu ersetzen. Es führt zu den stabilsten Gedächtnisspuren. Nur etwas erzählen oder am Bildschirm zeigen reicht, wie viele

Lehrkräfte meinen, beim schulischen Lernen, eben nicht aus.

Mit dem Gehirn ist es wie mit einem Schrank.
Wenn man ihn mit Schrott füllt frisst, erzeugt das eben auch, leider meist unterschwellig, ein „Schrottgefühl".
Wenn man den Schrank mit schönen Dingen füllt, hat man auch davon die guten Gefühle.

1.1. Reptil frisst Großhirn

Unser Gehirn ist dreiteilig. Wir sind ein
körperlicher Fühl-Verstand.

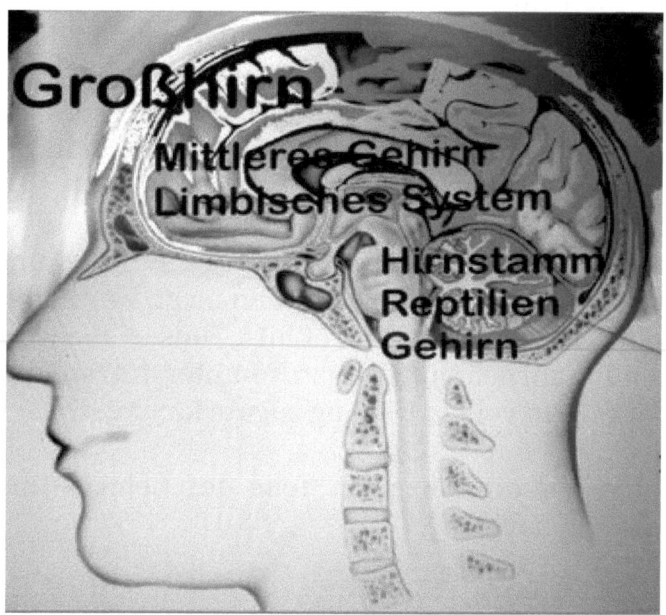

In der Vergangenheit glaubte man in der Schulpädagogik,
und viele tun es noch heute, dass unser Gehirn wie eine Art
Blackbox funktioniert. Hirn auf, Wissen rein, Hirn zu.
Man meinte, jeder Mensch kann seinen Lernwillen einfach

anschalten. Wenn er nur richtig will. Dass das aber so nicht stimmt, konnte man mit Hilfe moderner Messmethoden der Hirnforschung beweisen. Denn die Intelligenz des gesamten Körpers hat beim Lernen ein gewaltiges Wörtchen mitzureden. Ohne harmonisches Körpergefühl geht gar nichts in unserem Oberstübchen. Reptil frisst Großhirn ist die Devise, wie wir noch sehen werden.

Man hat mittlerweile entdeckt, dass das Gehirn, gemäß der menschlichen Entwicklung, aus drei senkrecht vernetzten Schichten, dem Großhirn, dem Zwischenhirn und dem Hirnstamm besteht. Diese können sich unterstützen, aber auch blockieren. Entsprechend des Zeitpunkts ihrer Entstehung in der menschlichen Entwicklungsgeschichte sind die drei Teile auf ganz bestimmte Aufgaben spezialisiert.

Hinsichtlich unseren Themen „ Lernen und Schule" wollen wir natürlich wissen, wer letztlich der Boss in unserem Gehirn ist. Ist es das Großhirn? Wenn nicht, wer dann? Wie aber kann ich dann das Großhirn, unser menschliches Denk- und Wahrnehmungsorgan so unterstützen, dass mir seine Vorzüge in vollem Umfang zugute kommen?

Betrachten wir die einzelnen Teile des Gehirns und ihre Funktionen genauer.

1.2. Das Großhirn, unser „Menschenorgan"

Die oberste Hirnregion, das Großhirn ist der entwicklungsgeschichtlich jüngste Teil des Gehirns. Sie ist zuständig für
bewusstes Denken und Planen.
Das Großhirn ist auch der Sitz für die Wahrnehmung
unserer Seh-, Hör-, Tast-, Riech- und Geschmacksempfin-
dungen, es ist Ort unseres Arbeitsgedächtnisses und
unserer Sprache.
Es ist das entscheidende Organ, das uns als bewusst den-
kende Menschen ausmacht.

Im Idealfall ist unser Großhirn mit den Anweisungen der
unteren Schaltkreise Zwischenhirn und Hirnstamm einver-
standen. Dann sind wir in einem harmonischen geistig-
körperlichen Zustand, der unser menschliches Dasein
eigentlich weitgehend bestimmen sollte.
Nicht selten gibt es aber zwischen den Gehirnteilen Diskussionen. Verstand, Gefühl und Instinkt kämpfen in diesen
Fällen gegeneinander. Und meist hat das Großhirn hierbei
nur eingeschränkt Einfluss.

1.3. Das Zwischenhirn

Empfindungen, Gefühle und Emotionen

Das Zwischenhirn im mittleren Gehirnbereich hat bei Konflikten im Kopf schon mehr zu sagen.

Es entspricht entwicklungsgeschichtlich dem Säugetiergehirn und liegt, grob gesagt, unter dem Großhirn.

Hier im Zwischenhirn sind wichtige Schaltstellen nach unten in den Hirnstamm und nach oben in die Großhirnbereiche. Eine davon ist der seepferdchenähnliche Hippoampus, in dem die Einlagerung von Informationen ins Langzeitgedächtnis gesteuert wird.

Das Zwischenhirn ist die Zentrale für Gefühle und Emotionen. Mit dem Begriff „Emotionen" sind verschiedenartigste Empfindungen aus allen Körperbereichen gemeint, welche durch Botenstoffe, sogenannte Neurotransmitter, über das Nervensystem vom Körper ins Gehirn transportiert werden.

Von „Gefühlen" spricht man, wenn Körperempfindungsreize ins Bewusstsein gelangen und sozusagen „ein Gesicht bekommen".

Die Existenz von Gefühlen ist mittlerweile faktisch bewiesen. Seit einigen Jahren weiß die Wissenschaft, dass auch im Magen-Darmsystem eine besonders hohe Zahl von Botenstoffen, also gefühlsauslösenden Impulsen produziert wird. Man spricht sogar von einem zweiten Gehirn in unserem Körper. So hat das berühmte Bauchgefühl also tatsächlich eine anatomische Grundlage.

Gefühle und Emotionen spielen in unserem Leben als Steuerungshilfen bei dem Umgang mit uns selbst und unseren Mitmenschen eine maßgebliche Rolle. Sie ermöglichen dem Hirnstamm schnelle Entscheidungen, wenn uns etwas bedroht, und sie signalisieren uns durch Wohlbefinden, wenn alles in Ordnung ist.

Gefühle sind schnelle, aber ziemlich pauschale Anweisungen an uns selbst.
Über unsere Bedürfnisse nach Sicherheit, Macht und Anerkennung sind wir Menschen hinsichtlich unserer Gefühle leider auch manipulierbar.
Inzwischen weiß man, dass starke negative Gefühle mit starken Bedürfnissen zu tun haben. Der Körper drückt durch sie einen Mangel aus.
Gefühle haben eine bestimmte Lebensdauer. Sie existieren so lange, bis die verursachenden Neurotransmitter durch Bedürfnisbefriedigung, durch Bewegung oder durch bewusstes Betrachten und Ziehenlassen vom Körper wieder abgebaut worden sind.
Wenn das nicht möglich ist, wie bei zu langem Stillsitzen am Computer oder im Klassenzimmer, signalisiert uns der Körper ständig unterschwellige Spannungen.

Allen Informationen, die ins Gehirn gelangen, ist ein bestimmter Gefühlswert beigegeben. So können wir eine schnelle Vorabentscheidung treffen, ob etwas für uns zuträglich ist oder nicht. Hierfür gibt es im limbischen System einen zentralen neuronalen Wächterknoten, den Mandelkern. In ihm werden alle ankommenden Reize gebündelt und verarbeitet.
Der Mandelkern, fachbegrifflich Amygdala genannt, kann

bei Gefahr ganze Bereiche des Großhirns lahmlegen, und dadurch veranlassen, dass die automatischen Sicherheitsprogramme unseres Körpers hochfahren. Damit übernimmt dann aber der Hirnstamm die Kontrolle und engt die Wahrnehmung auf die berühmte Scheuklappensicht ein. Paradebeispiel, wenn man ohne Vorbereitung unter den strengen Augen einer Lehrkraft an der Tafel die Lösung eines Matheproblems präsentieren soll.

In gewisser Weise kann man aber auf die Amygdala, unseren Angstwächter Einfluss nehmen und hochgefahrene neuronale Schaltkreise entspannen. Schon einfache Atem- und Körperübungen beruhigen unsere Angstschaltkreise und führen somit zu einer besseren Großhirnfunktion.
Das offenbaren Hirnscans und das wussten auch schon die alten Weisen.

1.4. Gefühl braucht Beziehung

Unser Gefühlserleben ist neuronal von Bezugspersonen geprägt

Wir Menschen sind von Anfang an dialogisch, das heißt auf andere Menschen hin orientiert. Wir brauchen zum Überleben die sichere Bindung zu mindestens einer Person.
Für die Entwicklung eines sicheren Grundgefühls, für den Aufbau eines stabilen Selbstwertgefühls brauchen wir die einfühlsame Zuwendung einer Bezugsperson (fachbegrifflich Bindungsperson), die mit uns in direktem, freundlichem, einfühlsamem Körper- und Blickkontakt ist.
Am meisten brauchen wir das als kleines Baby, damit wir uns sich sicher fühlen, spüren und beruhigen können. Aber auch später als SchülerInnen und Heranwachsende, sind wir enorm auf die Unterstützung zumindest einer für uns wichtigen Person angewiesen.

Werden wir als Säugling zu wenig gesehen, gehört, gespürt, geschaukelt, liebkost, werden unsere Bedürfnisse zu wenig erkannt und unser Wesen zu wenig gespiegelt, kann biochemisch die Weiterentwicklung unserer neuronalen Netzwerke, sowie die passende Ummantelung der Nervenzellen nicht stattfinden. Das führt dann in Folge zu einer nachhaltigen Störung der Weiterleitung von Nervenreizen.
Auch kann dadurch die Integration einfacher (Angst)-schaltkreise und Reflexe in reifere höhere Schaltkreise und

Handlungsmuster nicht sinnvoll geschehen. Die Folge sind lebenslange Spannungen im Körper, unerklärliche Angstzustände, schmerzhafte körperliche und psychische Dauerbelastungen. Entwicklungen, für die man später oft keine Ursache mehr findet.

Sicherheit und Geborgenheit, eine gute Rückmeldung und Spiegelung durch mindestens eine Bezugsperson ist die Voraussetzung, dass sich unser neuronales System gesund entwickeln kann.

1.5. Vom Reflexwesen zum Menschen

Der Orbitofrontale Cortex (OFC)

Zurück zu unseren drei Gehirnen.
Zwischenhirn, Hirnstamm und Großhirn sind bei der Aufnahme und Verarbeitung von Reizen miteinander verzahnt.
Nicht alles, was im Gehirn ankommt, gelangt auch ins Bewusstsein. Nur besonders ausgewählte Reize. Vieles machen die unteren automatischen Bahnen, unsere Bottom-up Systeme alleine. Ansonsten wäre unser Bewusstsein völlig mit Reizen überflutet.
Hierfür haben wir einen Helfer, einen Bereich im vorderen unteren Großhirn. Man nennt ihn den „Orbitofrontalen Kortex (OFK)". Der OFK kann regulierend auf die Reizflut aus allen Bereichen einwirken und ankommende Reize unterdrücken.

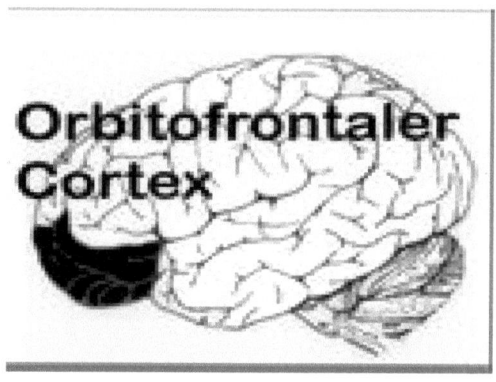

Man kann den OFK trainieren, indem man lernt Belohnungen aufzuschieben und unangenehme Gefühle auszuhalten. Das heißt, man lernt sich darin zu üben, nicht unmittelbar auf Verlockungsreize zu reagieren, um später ein lohnenderes Ziel erreichen zu können. Also beispielsweise auf dem Weg zur Traumfigur bei Stress nicht gleich den nächstbesten Schokoladenhappen zu verschlingen.

Erst der OFK macht uns quasi durch die Möglichkeit zur Selbstkontrolle zu echt menschlichen Wesen. Wir sind durch ihn unseren Reizen nicht bedingungslos ausgeliefert, sondern können bis zu einem gewissen Grad auf Gefühle und Emotionen einwirken und uns so besser steuern.

Schon bei kleinen Kindern sind hier große Unterschiede feststellbar, die sich lebenslang positiv oder negativ auswirken.

Für die Formung des OFK ist der Kontakt mit verlässlichen, warmherzigen und spiegelnden Bezugspersonen wesentlich. Diese wirken durch ihr günstiges Spiegelmodell nachweislich regulierend und formend.

Lehrkräfte sollten deshalb stabile, wohlwollende und freundliche Persönlichkeiten sein.

1.6. Der Hirnstamm mit Kleinhirn

Unser Sicherheitswächter ist immer „online"

Bin ich sicher? Wenn ja > Großhirn an!
Wenn nein > Reptilienmodus

Selbstkontrolle gelingt nicht einfach selbstverständlich. Das wissen wir alle aus eigener Erfahrung. Sie ist nur sehr eingeschränkt möglich, wenn Reizimpulse aus dem Hirnstamm kommen.
In dieser tiefsten Gehirnschicht werden alle Nervenleitungen vom oder zum Körper gebündelt und automatisch organisiert.
Der Hirnstamm sorgt für unser Leben und unsere Sicherheit. Er regelt alle für den Menschen wichtigen Funktionen wie Blutzuckerversorgung, Herzschlag, Atmung, Fortpflanzung, Augenbewegung und Gleichgewicht. Er birgt die wichtigen natürlichen Bewegungs- und Reflexprogramme, die wir von der Phase im Mutterleib bis zum Alter von mehreren Lebensjahren durchlaufen müssen um ein koordinierter, selbstbeherrschter Mensch zu werden.

Der Hirnstamm wird auch Reptilienhirn genannt. Reptilienhirn deshalb, weil dieser Hirnteil entwicklungsgeschichtlich am ältesten ist.
Reptilien sind vor den Säugetieren entstanden. Sie können noch nicht auf der Basis fein abgestimmter emotionaler

Körperempfindungen handeln.

Der Hirnstamm testet dementsprechend pauschal alle ankommenden Reize daraufhin, ob sie für uns zuträglich sind oder ob sie in irgendeiner Hinsicht eine Bedrohung für uns und unser Revier darstellen.

Falls Gefahr droht, reagiert ein Mensch vom Hirnstamm aus automatisch und in Sekundenbruchteilen. Der Gehirnmodus „Selbstkontrolle" und „bewusste Steuerung" kommt dabei nicht ins Spiel. Er arbeitet zu langsam. Großhirn und limbisches System brauchen Zeit, um auf Grund feiner Abstimmungen zu reagieren und den Menschen bewusst zu regulieren.

Unser Reptiliengehirn entscheidet blitzschnell. Die Devise heißt: „Ja oder nein. Gut oder schlecht für mich."

Der Hirnstamm ist daher sozusagen unser immer bereiter, automatisch handelnder Gehirnwächterboss. Er reagiert so schnell, dass wir das bewusst gar nicht wahrnehmen.

Möglich machen das ganz eigene, besonders dicke Neuronenbündel, die wie Datenautobahnen funktionieren. Diese gehen vom Hirnstamm zum Kleinhirn, dem Zentrum für Bewegung im Hinterkopf. Das Kleinhirn ist bei allen Körpererfahrungen und Bewegungen beteiligt, es ist Sitz jeder Bewegungsempfindung und jeder automatischen Bewegungssteuerung. Es ist ebenso empfindlich wie wichtig. Auch bei über das Großhirn bewusst gesteuerten Körperempfindungen ist das Kleinhirn immer beteiligt.

Es bewältigt mit seinen Primärerfahrungen automatisch einen Großteil der Datenflut.

Unser Reptiliengehirn ist der Sicherheitswächter unseres Lebens und somit der Boss im Gehirn.

1.7. Die Lernbasis sitzt im Kleinhirn

Durch handelndes Lernen entstehen stabile Primärbahnen

Primäre, zuerst erfahrene Empfindungen von Körperpositionen, Körperbewegungen und -haltungen sind immer an höheren Lernprozessen beteiligt. Sie sind die neuronale Basis für die weitere Entwicklung bei komplexeren Lernprozessen.

Alle diese grundlegenden Erfahrungen von „Welt" sind dreidimensional geprägte Spür-, Tast- und Bewegungseindrücke. Eindrücke, die zunächst einmal auf der Empfindungs- und Bewegungsschiene unseres Körpers verankert und daher eng in Zusammenhang mit frühen Beziehungserfahrungen sind.

Auch die Begriffe „Links, Rechts, Oben, Unten" sind solche Eindrücke der sogenannten „Tiefensensibilität". Diese spezifischen Muster muss unser Körper als Kind deutlich gespürt haben um davon eindeutige Neuronenbahnen anlegen zu können.

Fehlt beispielsweise der klare körperliche Spüreindruck der Raumbegriffe, hat man später Probleme mit räumlichen Dimensionen. Man fühlt sich dann grundlegend unsicher, wenn es um Orientierungsfragen und geometrische Zusammenhänge geht.

Denn bei allen späteren Lernerfahrungen gehen die Reizimpulse immer auch durch die zuerst angelegten neuronalen Bahnen.

Neue Sinnesreize, die über einen zweidimensionalen Kanal wie den Bildschirm aufgenommen werden, hinterlassen im jungen Gehirn keine klaren Primärbahnen auf die später zurückgegriffen werden kann. Lernen wird so zu einem sehr mühsamen Akt. Programmieren ist deshalb für manche so schwierig, da es die sichere, mehrdimensionale Raumerfassung in einer realen Umwelt voraussetzt.

Deshalb stehen im Silicon Valley, sowie auch bei uns in aufgeklärten Kreisen, Privatschulen wie die Waldorfschule so hoch im Kurs. Hier wird gewerkt, mit der Hand geschrieben, gemalt und Projektarbeit gemacht. Man weiß, dass das Gehirn erst ab dem Alter von etwa zehn Jahren zu abstraktem Denken und somit zu sinnvoller Begegnung mit dem Bildschirm bereit ist.

Lernerfahrungen im zweidimensionalen Raum sind also erst dann vernünftig, wenn vorher echte dreidimensionale Bewegungs-, Spür- und Raumerfahrungen von einer Lernsache gemacht wurden.

Arbeitsblatt und Bildschirm brauchen vorher die Handlung.

1.8. Das Reptil in uns schläft nie

Wird es im Alltag für uns bedrohlich, arbeiten Hirnstamm und Kleinhirn eng zusammen.

Bei Gefahr beginnt die Datenautobahn Stammhirn – Kleinhirn zu glühen und aktiviert unser Bewegungssystem, um uns handeln zu lassen. Die Blutgefäße in der Haut, in den Gliedmaßen und im Bauchbereich verengen sich. Den Muskeln, bereit zum Kämpfen oder Weglaufen, steht somit mehr Blut zur Verfügung. Wir kommen in einen Zustand erhöhter Wachheit und Aufmerksamkeit für das Objekt der Gefahr, früher der Löwe, jetzt der bedrohlich wirkende Vorgesetzte oder übermächtige Banknachbar.

Unsere starke Erregung stellt Kräfte für Kampf oder Verteidigung bereit. Wir möchten den Angreifer bekämpfen oder vor ihm fliehen.

Wenn beides, wie beim Banknachbarn oder einer übermächtigen Gang nicht möglich ist, aktiviert unser Nervensystem einen anderen Mechanismus: Den Zustand der Starre.

In diesem sind wir bewegungsunfähig und befinden uns in einer Art hilflosen Lähmung, in der Schmerz und Schrecken nicht mehr gespürt werden. Wir sind in diesem Zustand nicht mehr richtig bei uns, wir sind nicht mehr richtig im Körper.

Im Tierreich ist der Starremodus sehr sinnvoll. Kann das Kaninchen vor dem Fuchs nicht fliehen, stellt es sich tot. Der Fuchs denkt, starres Fleisch ist nicht mehr frisch und zieht eventuell weiter. Vielleicht packt aber der Fuchs das

Kaninchen trotzdem und passt einen Moment nicht auf. Dann nutzt das Kaninchen seine in der Starre angestauten Körperreserven und macht sich schnellstens aus dem Staub.
Der Starremodus birgt also durchaus Potential. Lebenswichtige Körperstellen wie Kehle, Pförtnerstellen im Magen und Darm werden spontan verschlossen und gesichert. Die durch das reflexartige Zusammenziehen des Organismus erzeugte Kraft bleibt so im Körper gespeichert und kann im passenden Moment zur Flucht eingesetzt werden.

Nur, oft ist das mit Abgeben der gespeicherten Kraft durch Bewegung und Weglaufen so ganz und gar nicht einfach.
Vor allem wenn man Schülerin oder Schüler ist.

1.9. Unterdrückte Bewegung ist Gift für unser Gehirn

Claudia bekommt einen neuen Banknachbarn. Der rückt ihr ständig auf die Pelle, versperrt ihr den Weg und provoziert sie. Claudia fühlt sich hilflos, wütend und ohnmächtig zugleich. Ihren Impuls sich zu wehren unterdrückt sie. Sie hätte gegen den massiven Typen wahrscheinlich sowieso keine Chance, denkt sie.

Im Laufe der Stunden und Tage entsteht in Claudias Körper durch die gestaute Energie eine Art innere Schutzmauer. Diese widersetzt sich ständig dem Druck ihrer Wut und hält somit eine gewaltige Kraft zurück.

Vielleicht erlaubt das Mädchen sich, den blöden Peter eines Tages in die Schranken zu weisen. Um endlich ihr Nervensystem entladen und ihren Körper entspannen zu können.

Erduldet Claudia aber weiterhin tatenlos Peters Attacken, wird sie für die Botschaften ihres Körpers immer weniger empfänglich. Denn nach und nach werden ihre entstandenen Körpermauern mit Hilfe von Cortisol vom Bewusstsein abgespalten.

Jede und jeder kennt andauernde, ausweglose Drucksituationen. Druck durch Mitmenschen, Druck durch übermäßige Leistungsanprüche, Druck durch mediale Überflutung, Impfdruck, Testdruck, Rechtfertigungsdruck, Druck durch verkrustete Behörden, Druck durch Unsinnigkeiten und Überforderungen aller Art.

Äußerlich arrangiert man sich in so einem Fall mit bestimmten Gegebenheiten. Aber innerlich ist man auf der Hut und dadurch ständig etwas angespannt. Man wird jetzt schneller erschöpft als vorher und kann sich allgemein schlechter konzentrieren.

Ursache ist die für die Flucht oder Verteidigung erzeugte Energie. Kann diese, aus welchen Gründen auch immer, biologisch nicht abgebaut werden, wird sie im Körper gespeichert, und es kommt so zu einer Steigerung der Gewebe- und Muskelspannung. Denn in Bindegewebe und Faszien werden durch das Hormon Cortisol neue Fasern produziert, die die gefährdeten Stellen versteifen lassen und das unsichere Wachsamkeitsgefühl erzeugen.
Muskulatur und bestimmte Organstellen bekommen also eine zunehmende innere Härte zum Schutz, werden aber auch starrer und unflexibler.
Unterschwellig wird somit ständig vom Gehirn signalisiert, dass irgendeine Gefahr besteht. Es warnt dann über das Bauchgefühl : „Pass auf, sei wachsam, es könnte was passieren." So hört die Bereitschaft unseres Körpers, irgendwie handeln zu müssen nicht mehr auf.
Wir sind jetzt gewohnheitsmäßig angespannt und unruhig, können uns schlechter konzentrieren und haben weniger Ausdauer, wissen aber mit der Zeit nicht mehr, wo dieses ungute Empfinden herkommt.

Man kann sagen, dass sich alle Arten von nicht abbaubaren Spannungen durch Konflikte oder Bewegungseinschränkung dauerhaft in den Körper einschreiben.
Irgendwann kann unser Körpersystem aber die Spannung nicht mehr halten. Wir fallen zunehmend in uns zusammen und schrauben unser Energieniveau herunter. Die Atmung

wird reduziert, der Antrieb und die Unternehmungslust verschwinden.

Es entsteht eine depressive Grundstimmung, mit der man immer weniger leistungsfähig wird. Viele SchülerInnen, aber auch Erwachsene leiden daran. Es ist oft der Weg zu vorzeitigem Burnout.

In freier Wildbahn wird durch eine gelungene Flucht das Erregungspotential zusammen mit den Stresshormonen abgebaut. Der Körper ist dann wieder spannungsfrei und in seinem ganz normalen beweglichen Alltagsmodus.

Manchmal kann man auch Tiere, die sich nach dem Fliehen in seltsamen Bewegungen austoben, beobachten. Sie agieren noch Restkraft in ihrem Körper aus, die sie bei einem abgebrochenen Kampf nicht loswerden konnten.

Auch Kinder bis zum Schulalter, die noch nicht der gnadenlosen Starre eines Schulvormittags unterliegen, können meist ihr Bewegungsbedürfnis befriedigen. So behalten sie ihre Lebendigkeit und Lebenslust.

Mit Beginn der Schulzeit aber bleibt die Kraft im Körper.

Durch den verordneten Bewegungsmangel, verbunden mit Druck und Konkurrenz, werden bei den jungen Menschen permanent hohe Mengen Stresshormone freigesetzt.

Die Amygdala wird dauerstimuliert und unterschwellige Angst beherrscht die Stimmung. Schlimmer noch: Nicht nur der Hippocampus, Steuerorgan für Gedächtnisleistungen, führt dann ein chronisch heruntergefahrenes Dasein, auch der orbitofrontale Kortex, die Pforte zum Großhirn wird geblockt und es gibt keinen vollen Zugang mehr zur Vernunft.

Der Zugriff auf die neuronalen Netze für genaue Wahrnehmung, Logik, Denken und Planung nimmt Schaden. Reptil frisst Großhirn.

Wenn wir in unseren Schulen nicht lernen angemessen mit den Botschaften aus dem Hirnstamm umzugehen, wenn wir sie ignorieren und wegdrücken, haben wir keine lernfreudigen, sondern nur eingeschränkt aktive, unlustige, ängstliche und zunehmend leider auch depressive SchülerInnen.

Unter Stress und Angst sind wir Menschen geistig eingeschränkt. Wir denke in für Notsituationen ausgelegten automatischen Schaltkreisen.

Die Befriedigung von Bedürfnissen nach Sicherheit, Bewegung und Ausgeglichenheit sind beim Lernen, ob privat oder schulisch, vorrangig.

Wenn ich mich gut und sicher fühle, habe ich Zugang zu den Ressourcen meines Großhirns. Dann sind meine Sinne offen für neue elektromagnetische Impulse aus der Umwelt. Dann bin ich neugierig und interessiert.

1.10. Lernbooster „Handlungsmodus"

Handlung und Bewegung sind die Booster für gute Denkprozesse. Bewegung versorgt das Gehirn mit dem nötigen Sauerstoff, den es braucht, um neue Neuronen entwickeln zu können. Ist man sauerstoffmäßig unterversorgt, schaltet das Gehirn in den Überlebensmodus und der Körper auf Notbetrieb um Energie zu sparen. In diesem meldet uns das propriozeptive System, das Körperwahrnehmungs- und Empfindungssystem für Tiefenreize, dass wir uns schonen sollten. Wir haben dann keine Lust mehr auf Lernaufgaben und keine Neugier auf neue Umweltreize. Denn dazu bräuchten wir die Energie eines aktiven Herz- Kreislaufsystems.

Kommen wir wieder in Handlung und Bewegung, wird neue Energie erzeugt.
Auch unsere Lernfreude kann durch den Modus „Handlung- und Bewegung" gezielt angeregt werden. Denn in diesem meldet der Körper vermehrt Raum- und Weiteempfindungen und vermittelt uns psychisch somit neue Lust auf Reize.
Handlung hat noch einen weiteren positiven Einfluss auf Lernprozesse: Unser Gedächtnis profitiert wesentlich davon beim Anlegen neuer Neuronen und deren Verknüpfung.

Koppelt man neue Reize mit Handlungsimpulsen, werden sie um ein Vielfaches besser im Gehirn abgespeichert und mit anderen Reizen vernetzt. Handlung signalisiert dem Gehirn: „es ist wichtig für mich".

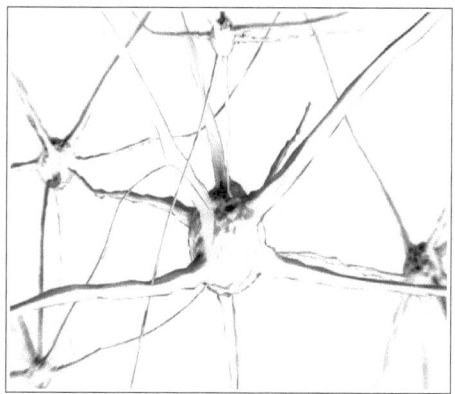

2. Das Gedächtnis

neurobiologisch klug benutzt

Wollen wir die eigene Lernfähigkeit optimieren, ist es sinnvoll, sich mit dem Vorgang des Abspeicherns von Inhalten zu beschäftigen. Betrachten wir also genauer, wie Wissen in unsere Köpfe gelangt:

Alle Informationen, denen wir begegnen, kommen zunächst einmal über unsere Sinnesorgane ins Gehirn. Das geschieht anfangs in Form elektromagnetischer Schwingungen und elektrischer Ströme, die eine bestimmte Frequenz besitzen, also in einer bestimmten Art getaktet sind. Diese Ströme klingen nach 10 bis 20 Sekunden wieder ab. Außer - man widmet ihnen Aufmerksamkeit.

2.1. Unser Kurzzeitspeicher hat Notizblöcke

Bei bewusster fortbestehender Aufmerksamkeit gelangen Informationen in das erste Speichermodul unseres Gedächtnisses, in den Kurzzeitspeicher. Dieses Modul, auch als Arbeitsgedächtnis benannt, behält dann die eingehenden Frequenzen eine kurze Weile, indem es elektrische Rückkoppelungsschleifen mit bestimmten anderen Gehirnarealen ausbildet.

Nach Baddely, einem Hirnforscher, besteht das Arbeitsgedächtnis aus drei rückkoppelnden Speicherschleifen und einer zentralen Steuereinheit, dem Hippocampus. Dieser übernimmt die Gesamtplanung.
Es gibt erstens die phonologische Schleife, das innere Ohr, das die Laute von Worten und deren Bedeutung im Arbeitsgedächtnis behält. Die phonologische Schleife nennt man auch den „sprachlichen Notizblock".
Ebenso gibt es einen visuell-räumlichen Notizblock, in dem Seheindrücke gespeichert werden. Drittens gibt es das episodische Gedächtnis, eine Schleife für ganze Geschichten und Begebenheiten.
Die episodische Schleife ist also für die Zusammenfügung von Informationen zu ganzheitlichen Einheiten zuständig. Hier können auch vergangene Erlebnisse mit der eigenen Person als Hauptdarsteller, inklusive aller Empfindungen und Emotionen, rekonstruiert werden.
Die elektrische Einspeicherung von Information ist schnell und flexibel. Sie hat aber den Nachteil, dass nicht viele

Informationen nebeneinander eingespeichert werden können. Werden es zu viele Informationen, also zu viele elektrische Schwingungen gleichzeitig, stören diese sich gegenseitig und löschen sich damit aus.

Man sagt, es können etwa fünf bis sieben neue Informationen gleichzeitig im Kurzzeitgedächtnis nebeneinander
existieren.

Grundsätzlich ist festzustellen, dass der Weg von Reizen in
unser Gehirn ganz direkt in Zusammenhang mit der
Fähigkeit zu bewusster Aufmerksamkeit steht. Nur bei
gezielter und ausgerichteter Konzentration auf ein Objekt
synchronisieren sich Schaltkreise im präfrontalen Kortex,
einem Bereich des Vorderhirns, mit dem Objekt. Sie
gelangen so in eine Art elektrischen Gleichklang, der in
unserem Gehirn seine Spuren zieht.

Dieser Gleichklang kann empfindlich gestört werden wenn
wir durch störende Sinneswahrnehmungen abgelenkt sind.

Oder, noch schlimmer, wenn uns belastende Emotionen aus
den unteren Regelkreisen des Gehirns aufwühlen. Dann ist
keine Koppelung und keine Aufnahme von etwas Neuem
möglich.

Denn erst Informationen, die es geschafft haben zwanzig
bis dreißig Minuten im Kurzzeitgedächtnis zu kursieren,
bleiben länger bestehen und werden allmählich ins chemische Langzeitgedächtnis eingebaut.

*Am besten lernt man also, wenn man während der elektrisch
definierten Zeitspanne aufmerksam und konzentriert ist und
sich keinen elektromagnetischen Störeindrücken aussetzt.*
Mit Multitasking, wie Nachrichten der Kumpels beim Lernen

checken, stellen wir uns in dieser Phase also selbst ein Bein. Denn dann ist das neu Gelernte nur noch verschwommen im Gehirn oder schon gar nicht mehr existent. Und wir können wieder von vorne beginnen.

2.2. Seepferdchen und Glückscocktail

Wie unser Langzeitgedächtnis funktioniert

Sollen Informationen ins Langzeitgedächtnis, werden nicht nur Ströme durch die Rückkoppelungsschleifen der Gehirnnerven gejagt, sondern auch die Verbindungsstellen der Nervenzellen, der Synapsen, chemisch umgebaut. Somit werden sie im Sinne dauerhaften Lernens positiv verändert. „Chemisch" heißt, dass der Zellkern Gene aktiviert und Proteine synthetisiert.

Dieser Prozess dauert einige Zeit, in der Regel mindestens 24 Stunden. Er ist, wie die Aufnahme von Informationen in Form elektrischer Ströme ins Kurzzeitgedächtnis, störbar.

Maßgeblich an der Einlagerung ins Langzeitgedächtnis beteiligt ist der Hippocampus, ein Gebiet im limbischen System oder Gefühlszentrum. Dieser besteht aus einer grauen Masse von Gehirnzellen und sieht aus wie ein Seepferdchen.

Bei fitten LernerInnen kann man mit Hilfe von Hirnscannern tatsächlich eine Zunahme der grauen Masse im Hippocampus beobachten.

Der Hippocampus ist, wie wir schon gehört haben, die zentrale Steuereinheit für die verschiedenen Rückkoppelungsschleifen in der Großhirnrinde. Unter dem Einfluss von Emotionen speichern die Zellen des Hippocampus die Orte, in denen bereits vorher Gedächtnisinhalte abgelegt

worden sind. Sie verbinden diese und stellen Zusammenhänge unter ihnen her.

Das Wort Zackül aus unserem Eingangsbeispiel wird also
mit dem Gefühl „Spaß", mit der Form eines Flaschenöffners,
mit einem speziell damit verbundenen Tastgefühl, mit dem
Geruch des angesagten Getränks, dem Bild der Küche und
dem Gesicht des Freundes verknüpft.

Je intensiver die Emotion, je vernetzter der Inhalt, je sinnvoller die Information, desto dauerhafter ist die Abspeicherung.

Im Hippocampus entsteht also eine Szene, die alles enthält,
was in der Erfahrungssituation mit dem neuen Gegenstand
dabei war. In der Fachsprache sagt man, „der Hippocampus
macht sich eine mentale Repräsentation". Genau die ist es,
die wir alle beim Lernen erstreben. Denn somit kann unser
Bewusstsein die Erfahrung im Geiste wieder aufrufen und
verstärken.

Man hat kürzlich herausgefunden, dass es im Hippocampus
richtige Ortszellen gibt. Zellen für Orte im Gehirn und auch
Zellen für reale Orte.

Trainiert man das Ortsgedächtnis, also möchte man sich
Straßen und Gebäude einprägen, wird das Volumen des
Hippocampus vergrößert. Wie man beim Sport den Muskel
trainiert, kann man beim Lernen also Gehirnareale ver-
größern und deren Funktion verbessern. Aber wie beim
Sport ist es leider auch so, dass die Gehirnareale durch
Nichtgebrauch schrumpfen.

Der Vorgang des Vergessens kann durch mehrfaches
Wiederholen des Lernstoffs abgemindert werden. Das ist
besonders bei langweiligen Inhalten wichtig.

Jede Wiederholung vergrößert das Intervall, nach dem eine
erneute Wiederholung nötig ist.

In Lernkurven kann man genau sehen, zu welchem Zeitpunkt die Wiederholungen am sinnvollsten sind.
Was nicht benutzt wird, vergisst man. Nur durch ständiges Benutzen des abgespeicherten Wissens hält man die entsprechenden Neuronennetze am Laufen.

Am intelligentesten lernt man aber, wenn man nicht nur stur wiederholt, sondern neues Wissen in starke positive Gefühle und persönlich sinnvolle Lebenszusammenhänge, bildhafte Geschichten und Vorgänge einlagert.
Damit wirft man sozusagen den tiefsten Anker im Gehirn.
Das Gehirn liebt nichts so sehr wie das Bewusstsein neuer Lebenskompetenz. Deshalb belohnt es diese Art des Lernens auch mit der Ausschüttung von Dopaminen, mit einem kostenlosen chemischen Glückscocktail.

2.3. Gedächtnis und Achtsamkeit

Denken braucht Hingabe und Energie

Eine der zentralsten Fragen für die intelligente Planung von Lernen ist die: „Welche Grundhaltung ist zuträglich ist für gelingende Denk- und Gedächtnisprozesse?"
Man kann es auf eine ganz einfache Formel bringen: *Interesse und Achtsamkeit.*

Achtsamkeit ist noch mehr als bloßes Interesse. Es ist Hingabe an das, was gerade ist. Achtsamkeit ist Hingabe an den gegenwärtigen Moment, an das Hier und Jetzt .
Wir kennen den Begriff aus den ostasiatischen Kampfsport- und Meditationsarten. Vor dem Hintergrund der elektrischen Koppelungen beim Lernen bekommen alte und neue Konzentrationstechniken so auf einmal einen ganz besonderen Sinn für uns. Wer möchte nicht gerne ein achtsames und somit besonders aufnahmebereites Gehirn?
Achtsamkeit ist eine Kunst, die man leider nicht einfach so geschenkt bekommt. Man muss sich dafür motivieren und üben, sich aktiv mit dem gegenwärtigen Moment zu beschäftigen.
Das ist aus verschiedenen Gründen gar nicht so einfach. Unser Gehirn schaltet nämlich bevorzugt auf den Modus „Sparflamme" und lässt sich gerne auf gewohnte Denkschleifen ein. Einfach um Energie zu sparen und angenehme Gefühle zu erzeugen.
Denn für das Denken, für gebündelte Aufmerksamkeit, ver-

braucht das Gehirn Energie.

Bewusstes, achtsames Hinsehen, Vergleichen, Abwägen, Kategorisieren, Schlüsse ziehen, nach Wichtigkeit bewerten, Quellen hinterfragen, auf Zuverlässigkeit prüfen, kann mühsam sein wie eine Bergtour .
Aber die Belohnung ist riesig. Denke ich achtsam, bin ich auch Chef meiner selbst und sorge für mein persönliches Ordnungs- und Funktionssystem. Ich weiß, was ich getan habe und was mich antreibt. Ich bin im Modus Logik und Mitmenschlichkeit.

2.4. Chillen für die Vernunft

Speicherprozesse können sich stören: Prograde und Retrograde Amnesie

Für die dauerhafte chemische Abspeicherung von Gedächtnisinhalten ist es äußerst wichtig, das Gedachte und Abgespeicherte zeitweise ruhen zu lassen.

Das Gehirn braucht starke Stille- und Ruhephasen, um sich sortieren zu können, um noch Informationen zu aktivieren und einzubauen, die vielleicht zu einem Thema im Gehirn vorhanden sind.

Das Schlechteste, das wir uns nach intensiven Denkprozessen in diesen Ruhephasen antun können, ist elektromagnetischer „Störlärm" durch emotionale Anspannung. Wenn wir anschließend das Gehirn mit weiteren emotional aufgeladenen Informationen wie „Zickenkrieg" oder Ballerspielchen zumüllen hindern wir es am Verarbeitungsprozess. Man spricht hier fachwissenschaftlich von „retrograder Amnesie". Damit meint man, dass sich die elektrischen Frequenzen der neuen Inhalte in den Gedächtnisneuronen mit den vorhergehenden überlagern. Die bereits angelegten Gedächtnisspuren ändern oder löschen sich dadurch.

Und die mühsam eingepaukten Vokabeln verschwimmen zu unkenntlicher Masse.

Ebenso gibt es die Wechselwirkung vorausgehender Tätigkeiten auf künftige Lernprozesse. Beispielsweise Frühstücksfilm vor der Schule. Wer sich so einen Happen reinschiebt behindert sich selbst für die ersten Stunden. Wissenschaftlich spricht man bei so etwas von „prograder Hemmung".

Ist man emotional oder geistig mit etwas Vergangenem beschäftigt, stören sich die elektrischen Impulse mit den Impulsen der neu aufgenommenen Informationen.

Neue Lerninhalte werden also am optimalsten in einen ausgeruhten Geist eingelagert. Ohne Pausen geht deshalb nichts.

Wie man erforscht hat, eignet sich für eine Denk- und Lernpause am besten ein Ortswechsel mit Bewegung in freier Natur. Ersatzweise tut es auch eine Bewegungseinheit im Klassenzimmer und das Betrachten von Naturbildern, oder einfach eine monotone Tätigkeit, wie Einsortieren, Putzen, Atmen, Chillen.

Durch eine sinnvolle Pause, durch den so wichtigen geistigen Leerlauf, lässt die Fokussierung auf unsere rationale Hemisphäre nach. Dann wird auch die andere Hirnhälfte aktiver und stellt neuronale Anknüpfungspunkte her, die man bewusst nie mit einem Problem in Beziehung gesetzt hätte. So entstehen kreative neue Impulse in unserem Denken, welche uns erheblich weiter bringen können als das ununterbrochene Verharren in gewohnten Schaltkreisen.

Allmählich scheint auch in der breiten Bevölkerung die Idee anzukommen, dass Multitasking nicht gerade der Hit für unser Gehirn ist.

Man hat festgestellt, dass ständige Mitteilungen von WhatsApp, What`s Now, Facebook, Twitter etc. die Aufmerksamkeit so beanspruchen, dass ein vertiefter Denk- und Arbeitsmodus verhindert wird. Wer ständig online ist wird elektromagnetisch abgelenkt. Für Multitasking ist unser Gehirn nicht ausgelegt. Allerdings brauchen wir auch die nötige Selbstdisziplin, um nicht dem so verführerischen Sog des Sichwichtigfühlens, des Gesehenwerdens und Teilhabens an sozialen Aktivitäten zu verfallen.

Weiß man, wie das Gehirn funktioniert, reißt man sich eher am Riemen. Man erledigt dann im Alltag nicht mehr tausend Dinge gleichzeitig.

In erfolgreichen Firmen ist bereits bekannt, dass ständige Verfügbarkeit und zu langes Arbeiten ohne Ruhepausen nicht Zeichen von Einsatz und Engagement, sondern von Unproduktivität und mangelnder Intelligenz sind.

Schulen hinken da gewaltig hinterher. Hier zählen immer noch Quantität und Fleiß, statt Qualität und Denkstruktur.

Wir alle, besonders als Schülerinnen und Schüler,, brauchen ein gutes Gedächtnismanagement, eine gute Strategie, wie wie mit der zunehmenden Informationsflut umgehen können. Wir brauchen taktisches Wissen, wie man nur wertvolle Informationen auswählt und diese in guter Ordnung in den begrenzten Speicherplatz des Gehirns einbaut. Wir müssen mehr als je zuvor lernen, Unwesentliches zu vernachlässigen.

Wir brauchen Mut, uns in unserer Leistungsgesellschaft zu dem Motto zu bekennen, dass produktive Menschen produktive Ruhepausen brauchen.

In einer fortschrittlichen Schule sähe das so aus:

Es gäbe nach jeder intensiven Lerneinheit Pausen. Denk- und Ruhepausen, vor allem aber Bewegungspausen.

Für alle Parteien. Für Lernende und Lehrende. Am besten mit Ortswechsel in die Natur.

Bei der Stundenabfolge würde darauf geachtet werden,

dass unterschiedliche Lerninhalte aufeinander folgen, damit sich Ähnliches nicht stört und auslöscht.

Wollen wir lerntechnisch erfolgreich sein, ist es hilfreich zu beachten, dass es einem ruhigen mächtigen Geist nicht unbedingt förderlich ist, wenn wir stundenlang in sauerstoffarmer, depressionsfördernder Verkrümmtheit vor uns hinlümmeln und keinen Bewegungsausgleich suchen. Oder wenn wir uns das lernende Gehirn exzessiv mit Internet- und Filmkonsum vernebeln, und uns somit unzuverlässige Gehirnkarten schaffen.

Wichtig ist auch zu wissen: Was wir vor dem Schlaf ansehen, ob schöne Bilder oder widerliche Szenen, es wird besonders gut abgespeichert. Es baut uns auf oder zieht uns runter.

Sogar Bilder, die auch nur ultrakurz, also nicht bewusst wahrgenommen werden wirken intensiv unterschwellig. Sie machen uns anfällig für Reize und drücken uns in bestimmte Stimmungen. Die Manipulation mancher Medien ist heimtückisch.

Generell ist es so, dass nur das im Gehirn ist, wem ich Eintritt gewähre. Wenn es nur Schrott ist, habe ich eben Schrott im Kopf. Und dann denke ich und fühle ich auch dementsprechend.

Auf die Dauer nimmt die Seele die Farben deiner Gedanken an", bemerkte schon der römische Kaiser Marc Aurel.

Warum sich also nicht mit schönen Gedanken füllen und die guten Gefühle davon genießen?

3. Die Lust zu lernen

In Schulen wird viel von „Lernmotivation" gesprochen. Was ist damit gemeint? Das Wort „Motivation" bezeichnet allgemein Beweggründe, die zu einer Handlung führen. Diese entstammen entweder dem Bestreben, ein körperlich – seelisches Ungleichgewicht auszugleichen oder dem Bestreben, Vergnügen und Lust zu bekommen.
Ist man motiviert, spürt man im Körper eine gewisse innere Spannung, einen inneren Drang. Man hat sozusagen ein Bedürfnis nach etwas.
Dieses Bedürfnis ist verstärkt vorhanden, wenn die entsprechende Handlung in der Vergangenheit bereits günstige Effekte gebracht hat.

Die Motivationsforscher sagen, dass es bei den Bedürfnissen eine Art Rangfolge, eine Hierarchie gibt. Solange Bedürfnisse auf einer niederen Hierarchiestufe nicht befriedigt werden, sollen diese die gesamte Motivation auf sich ziehen. Erst wenn das geschehen ist, kann man die höheren Bedürfnisse spüren.
Im Zusammenhang mit unserem Thema „Intelligentes Lernen" interessiert uns natürlich, welche Bedürfnisse es gibt, und wo das Bedürfnis nach Lernen in der Bedürfnishierarchie eingestuft ist.

3.1. Das Bedürfnis nach Sicherheit kommt vor dem Bedürfnis nach Lernen

Zu den vorrangigen „niederen" Bedürfnissen gehört das Bedürfnis nach Nahrung, Flüssigkeit, Bewegung und vor allem das Bedürfnis nach Sicherheit.

Erst wenn der Hirnstamm in dieser Hinsicht „alles in Ordnung" meldet, kann man sich konzentriert solchen Dingen wie Lesen und Lernen zuwenden. Dann erst wird man neugierig, interessiert und aufnahmefähig für neue Reize.

Das ist deshalb so, weil in den neuronalen Schaltkreisen das die Aufmerksamkeit erregt, was für den Organismus am wichtigsten ist.

Wenn der Magen knurrt und mein Blutzuckerspiegel Alarm schlägt, interessiere ich mich schwerlich für mathematische Formeln.

Wenn ich zu wenig Flüssigkeit im Körper habe, wird das noch schwieriger. Wenn auch noch der notwendige Sauerstoff fürs Gehirn fehlt, weil niemand an Lüften und Bewegung denkt, kollabiere ich, auch wenn ich den nettesten Nachbarn und die tollste Lehrkraft habe. Deshalb kann ich, als normaler Junge, der sich gerne bewegt, nur schlecht lernen, wenn ich stundenlang in eine Schulbank eingezwängt werde. Ich verspüre dann dauernd den inneren Drang auszubrechen und davonzulaufen.

Kann ich aber nicht weg, kollabiere ich mit der Zeit innerlich und schlaffe ab.

Mit dem elementaren Bedürfnis Sicherheit haben wir uns ja

schon im zweiten Kapitel beschäftigt. Erinnern wir uns, dass es hierfür eigene, besonders schnelle Neuronen im Gehirn gibt. Diese feuern sofort, wenn das Thema Sicherheit aktuell ist. Das geht so rasant, dass man gar nicht bewusst mitbekommt, wie der eigene Körper auf die Sicherheitsbedrohung reagiert. Wie vollautomatisch stellt er sich auf Kampf oder Flucht ein. Wenn das nicht möglich ist erstarre ich und fühle gar nichts mehr. Zum Beispiel im Unterricht, wenn die Lehrperson mit vorwurfsvoller Miene auf mich zukommt, weil ich schon wieder eine schlechte Arbeit geschrieben habe. Weglaufen kann ich ja nicht, frech darf ich auch nicht sein. Peng, und schon werde ich stocksteif und halte die Luft an. Totstellreflex eben.

Dieser kommt in Schulen öfter vor. Auch in anderer Form, etwa wenn ich im Pausenhof oder auf dem Schulweg an rabiaten Machos oder verächtlichen Zicken vorbei muss. Auch jetzt schaltet bei mir Programm „Sicherheit". Ich empfinde zuerst Unruhe, dann den Impuls zu kämpfen. Oder, wenn mir die Gang zu mächtig erscheint, den Impuls wegzulaufen. Kann ich das nicht, versuche ich krampfhaft die Spannung wegzudrücken und cool zu wirken.

Wenn ich Angst habe, dass mich die Mitschüler auf dem Heimweg verprügeln, ist mir der Deutschaufsatz egal. Denn mein Gehirn ist damit beschäftigt sich auszudenken, wie ich sicher nach Hause komme.

Passiert das jemandem oft, wird die Angststarre mit der Zeit regelrecht in den Körper eingeschrieben.

Man könnte auch sagen, die Neuronennetze für Sicherheit veranstalten ständig ein Feuerwerk und bauen ein stabiles Netzwerk auf, wohingegen die Netze für Lernen in Zwangspause gehen.

Also: Wer sich im Unterricht vor Ausgrenzung und Auslachen, vor Versagen und Zurechtweisung fürchtet, kann sich nicht konzentrieren.

Deshalb gilt im gesamten Umfeld einer Bildungsinstitution, immer der Grundsatz: *„Sicherheit vor Lernen"*.

Alle müssen sich in der Klasse, in der Pause, auf dem Schulweg, sicher fühlen können. Wer hier Angst hat braucht Schutz und Begleitung.

Das Bedürfnis nach Sicherheit und Schutz gehört wie das Bedürfnis nach Nahrung, Wasser, Sauerstoff zu den elementarsten Bedürfnissen des Menschen und hat vorderste Priorität.

Man kann annehmen, dass bei einer Gefahr für die Sicherheit die gesamte Motivation auf die Befriedigung dieses Bedürfnisses ausgerichtet ist und kein Platz für Lernen bleibt.

3.2. Wir lernen, weil es uns glücklich macht

Das Bedürfnis nach Lernen zählt zu den psychischen Bedürfnissen. Es ist, wie das Bedürfnis nach Zugehörigkeit und Macht, in unterschiedlicher Ausprägung bei jedem Menschen vorhanden.

Psychische Bedürfnisse sind kein Gehirnkonstrukt irgendwelcher Wissenschaftler, sondern haben konkrete körperliche Entsprechungen in Form von chemischen Botenstoffen, den Neurotransmittern. Es sind in der Forschung Nachweise geführt worden, dass auch bei der Befriedigung von Lernbedürfnissen Hormonausschüttungen stattfinden.

Hat man etwas für sich selbst Sinnvolles gelernt, hat man neue Erkenntnisse in einem für sich persönlich wichtigen Bereich gewonnen, wird Dopamin ausgeschüttet.

Dopamin ist ein Hormon, das Glücksgefühle macht. Besonders ist das körpereigene Doping beim Lernen aus innerem Antrieb, aus intrinsischer Motivation, wie die Forscher sagen, der Fall.

Intrinsisch bezeichnet das Bestreben, etwas um seiner selbst willen zu tun, einfach weil es Spaß macht, Interessen befriedigt oder eine Herausforderung darstellt, die man bewältigen möchte. Die Quelle des Antriebs ist hier Freude, Neugier und Lebenslust.

Wer sich intrinsisch motiviert orientiert sich an persönlichen Standarts und Maßstäben. Er hat eine innerliche Quelle seines Handelns und lernt in hohem Maße selbstbestimmt.

Intrinsisch Motivierte denken explorativ, entwickelnd und forschend hat man herausgefunden. Sie haben einen hohen Antrieb etwas zu leisten und kreativ zu sein.

3.3. Extrinsische Lernmotivation

Erwartungen der Umwelt erfüllen

Neben der intrinsischen Motivation gibt es auch die extrinsische.

Bei ihr steht der Wunsch im Vordergrund, bestimmte Leistungen zu erbringen, weil man sich davon einen Vorteil (Belohnung) verspricht oder Nachteile (Bestrafung) vermeiden möchte.

Man bekommt für Lernen zum Beispiel Lob, Punkte, Geld, oder Noten.

Die Vorstellung, wie Lernen abzulaufen hat, welche Lerninhalte vorgesehen sind und welche Methoden zum Einsatz kommen, entspringt in diesem Fall primär fremdbestimmt.

Die Motivationsquelle sind also Ziele des Umfelds, etwa von Eltern, Freunden, Schule, Bildungsbehörde, die man sich zu eigen macht.

Wichtig ist, dass ständige Rückmeldung und Beaufsichtigung von außen, auch gutgemeint, die intrinsische Motivation negativ beeinflussen, sodass Lernfreude, Kreativität, Interesse und Produktivität schwinden. Viele Verantwortliche in Bildungssystemen müssen sich erst an diese Erkenntnis gewöhnen,

Gut gemeint, aber besonders unproduktiv ist die Rückmeldung von außen, wenn nicht die einzelne Handlung oder Eigenschaft, sondern der ganze Mensch gemeint und kommentiert wird. „Du bist ja ein ganz toller Schüler,

Sportler, Leser, Fußballer."
Man empfindet das oft als peinlich, fühlt sich beobachtet und vorgeführt. Ob als Held oder als Versager.
Am meisten schwindet die intrinsische Motivation, wenn man nicht hinter den Zielen des Umfelds steht, diesen aber hilflos untergeordnet und ausgeliefert ist. Zum Beispiel beim zeitraubenden Auswendiglernen subjektiv unbedeutender Einzelfakten.

Die Folgen vorwiegend externer Lernvorgaben in unseren Schule, das ständige Kommentieren, Vergleichen und Bewerten zerstören den natürlichen Antrieb beim Lernen, die Neugier und die Lebenslust.

3.4. Vermeidungsmotivation

Lernen aus Angst

In unserem Schulsystem ist eine weitere Quelle extrinsischer Motivation weit verbreitet: die Vermeidungsmotivation.

Aus dieser handelt man, um dem Gefühl von Versagen, Misserfolg, Ohnmacht, Ansehensverlust oder Wertlosigkeit zu entgehen. Man lehnt beispielsweise Lernen ab, obwohl es einem Spaß machen könnte, da man sonst in der Achtung macher Menschen oder Gruppen sinkt.

Oder man vermeidet Lernen aus Angst vor Tadel, etwa wenn man einem zwanghaften Lernsystem unterworfen ist, das einem einflüstert, dass die perfekte Wissensaufnahme und Wiedergabe existieren, dass man sich eben nur entsprechend anstrengen muss um 100 Prozent abzuliefern.

Bei 20 Prozent weniger Leistung, was meistens ökonomisch viel sinnvoller wäre, ist man in unserer Gesellschaft oft schon auf dem Weg ins Versagerlager. Was ist schon die Note Zwei. Nur Zweiter. Man hat eben doch nicht alles gebracht. Diese mögliche Reaktion, diesen verächtlichen Blick möchte man das nächste Mal vermeiden. Das treibt an. Wenn jemand eine hohe Vermeidungsmotivation hat, schützt er sozusagen präventiv sein Selbstwertgefühl. Er möchte das Gefühl, erniedrigt, wertlos oder hilflos zu sein vermeiden. Er lernt unter Angst und Stress, da er ein belastendes Bild im Kopf hat. Deshalb empfindet er Lernen als unangenehm. Da es ihm um den Erhalt des Selbstwertes geht, neigt er dazu, sich auszubremsen und sich komplexeren Lernaufgaben erst gar nicht zu stellen. Denn letztendlich ist seine Würde, eines seiner höchsten Güter überhaupt, in Gefahr.

Es kommt auch vor, dass man gleichzeitig motiviert ist nicht zu lernen, obwohl man eigentlich irgendwie doch Lust dazu hätte. Beispielsweise, wenn man Angst davor hat, mit guten Noten als Streber dazustehen.

Um den Begriff „Motivation" generell noch einmal zusammenzufassen, kann man sagen, der Mensch hat einen Drang zu solchen Handlungen, die ihm einen günstigen Effekt versprechen oder die ihm in der Vergangenheit einen gewünschten Effekt brachten. Dies kann Sicherheit, Macht oder der Wunsch nach Zugehörigkeit sein, aber auch der Antrieb, Wertlosigkeit, Ohnmacht und Versagen zu vermeiden.

Selbstbestimmtes, eigenverantwortliches und aktives Lernen, Lernen aus Freude und Interesse, ist dauerhaft produktiver, als Lernen für Lob und eine positive Rückmeldung von außen.

4. Für gute Bindungen sorgen

Wie kommt es, dass manche Menschen von sich aus großes Interesse an ihrer Umwelt zeigen, neugieriger, offener und robuster auf die Welt zugehen als andere? Warum sind manche ewige Angsthasen, Lamentierer und Miesmacher?
Seit einiger Zeit weiß die Forschung, dass das stark mit Bindungserfahrungen zu tun hat, die Menschen während ihrer Entwicklung erlebt haben.

Was versteht man eigentlich genau unter „*Bindung*"?
John Bolby, ein bekannter Bindungsforscher, beschrieb das so:
„Bindung ist das gefühlsgetragene Band, das eine Person zu einer anderen spezifischen Person anknüpft und das sie über Raum und Zeit miteinander verbindet."

4.1. Spiegelneuronen machen Lernen möglich

Wie man erst seit den neunziger Jahren weiß, hat dieses Band der Bindung auch körperlich eine Entsprechung, und zwar in Form ganz besonders schneller und dicker Neuronen.

Diese sehr kräftigen, stark leitfähigen Nervenbahnen, genannt „Spiegelneuronen", sind dafür verantwortlich, dass Gehirne aneinander gekoppelt werden und so ein Austausch möglich ist.

Neurobiologisch ausgedrückt hat das zur Folge, dass ein Beobachter von Handlungen und Gefühlen in seinen Spiegelneuronen fast die selben Erregungsmuster wie der Erzeuger hat. Was jemand macht, welche Gefühle und Stimmungen jemand hat, wird also im Gehirn des Gegenübers gespiegelt und nachempfunden.

Erinnern wir uns an die Szene mit dem Designerkorkenzieher „Zackül". Wir wussten zuerst nicht genau, was das Ding war. Als unser Freund es in die Hand nahm, machte er eine schwungvolle Drehbewegung, und wir fingen an zu begreifen. Denn genau in diesem Moment hatte unser System von Spiegelneuronen den Impuls ausgelöst, das beobachtete Verhalten nachzuahmen. Wir hatten eine aktivierende Vorstellung, das Ding auch so bewegen wie unser Freund. Dadurch hatten wir auch tatsächlich die Handlung in Mini-Miniform neuronal und muskulär ansatzweise ausgeführt. Man hätte das mit einem Hirnscanner messen können.

Man kennt das Phänomen auch vom Fußball. Beobachtet man den Lieblingskicker beim Elfmeterschießen, juckt es einen selbst in den Beinen.

Beobachtet man das bevorzugte Topmodel, ahmt man spontan dessen Haltung nach.

Auch von der Lehrkraft bleibt man nicht verschont. Ist sie genervt, spürt man, dass Gefahr in der Luft ist. Ist sie gelassen und wohlwollend, entspannt man sich auch.

Umgekehrt ist das aber genauso. Sind SchülerInnen richtige Stinkstiefel, bekommt die Lehrkraft das spiegeltechnisch ebenfalls ab. Es ist also ein Märchen zu glauben, dass es LehrerInnen gibt, die immer souverän über allem stehen. Lehrkräfte sind eben keine pädagogischen Gleichmuts-Roboter. Sie sind genauso empfänglich für ihre SchülerInnen wie diese für sie.

Im Gegenteil. Lehrkräfte bekommen nicht nur ein Gegenüber in ihrem Körper-Gehirnsystem gespiegelt, sondern eine ganze Horde. Nicht gerade angenehm für einen Menschen, wenn diese Horde vor unterschwelliger Angriffslust nur so strotzt oder abgeschlafft in ihrem Stuhl herumhängt.

Spiegelneuronen gibt es für alle Arten von Gefühlen oder Handlungen. Immer wenn wir jemanden beobachten, sind sie aktiv und feuern, sodass wir im Körper kleine Impulse für genau so ein Gefühl oder genau so eine Handlung spüren. Wir erhalten sozusagen einen Miniabdruck.

Wenn wir beispielsweise jemandem beim Sprechen zusehen, dann sprechen wir innerlich in Mikrobewegungen mit.

Wollen wir selbst eine Handlung oder eine Sprachhandlung aktiv ausführen, werden solcherart gespeicherten Mikroimpulse der Spiegelneuronen an unsere Bewegungsnerven oder Motoneuronen weitergeleitet und die Bewegung wird in die Tat umgesetzt.

Das Sprechenlernen funktioniert auch auf diese Weise. Kleine Kinder lernen Sprache immer so, dass sie zunächst Mundbewegungen nachahmen. Jeder Mundbewegung wird dann ein Laut zugeordnet. Die Sprechbewegung ist also die Brücke zum Laut. Das sollten Autoren von Leselehrgängen eigentlich in ihren Konzepten umsetzen.

Gerade in den ersten Lebensjahren geht das Lernen, das Begreifen von Dingen und Begebenheiten in der Umwelt stark über die Nachahmung von Bewegungen. Ist dadurch im eigenen Körper der Reiz gesetzt, wird nachgemacht, ausprobiert, gefühlt, gespürt, gerochen und dem Klang der Dinge gelauscht.

Der Mensch braucht den Menschen um zu lernen.

4.2. Auch Gefühle werden gespiegelt

Emotionales und Soziales Lernen durch Spindelzellen

Wie wir schon gehört haben, gibt es nicht nur Spiegelneuronen für das Nachahmen von Bewegungen, sondern auch solche für das Wahrnehmen von Gefühlen. Durch Spiegelneuronen bekommen wir einen Abdruck vom Gesichtsausdruck, von Mimik und Gestik des Gegenübers. Wir können so die ungefähren Pläne und Absichten von anderen erfassen, ohne dass wir darüber nachdenken.
Wir können fühlen, was der andere fühlt.
Wenn sich Menschen treffen, verkoppeln sich also ihre Nervensysteme so, dass die Gefühle des einen auch im anderen schwingen. Besonders schnell geht das mit dem Gefühl der Liebe und dem Gefühl der Ablehnung. Hierfür gibt es auch besonders dicke und schnelle Neuronen, die sogenannten Spindelzellen. Dieser Draht, über den man merkt, wie ein anderer es mit uns meint, ob man geliebt oder abgelehnt wird, ist also besonders ausgeprägt.

Forscher haben bei Untersuchungen der Spindelzellen festgestellt, dass sie über Andockstellen für Serotonin, Dopamin und Vasopressin verfügen. Sie haben also den chemische Nachweis über Liebesgefühle bei Bindungsprozessen geführt.

Spiegelneuronen und Spindelzellen werden von den Hirnforschern dem unteren automatischen Schaltkreis zugeordnet. Wie wir schon wissen, funktioniert dieser viel schneller als der obere, bewusste Schaltkreis. Da ich den anderen in Sekundenbruchteilen in mir spüre, habe ich so eine schnelle intuitive Gewissheit über ihn. Ich kann ahnen, was er als nächstes tun wird.

Je mehr man sich für den anderen Menschen interessiert, ihn ansieht, sich auf ihn einstellt und auf ihn eingeht, desto besser klappt der Spiegelkontakt. Das Ergebnis einer gelungenen Spiegelung ist, dass man harmoniert, sich versteht und sich mit dem Gegenüber wohlfühlt.

4.3. Gespiegelt werden heißt: „Ich bin wichtig!"

Die Qualität früher Beziehungen bestimmt maßgeblich den Rest unseres Lebens

Schon ganz kleine Babys lieben es gespiegelt zu werden. Das Baby macht etwas mit seinem Gesicht, die Mutter oder Vater machen es nach, oder umgekehrt.
So entsteht ein Dialog zwischen den beiden. Gehirne und Körper koppeln aneinander und beide sind glücklich, denn Harmonie macht glücklich.

Gelungene Spiegelungen sind an den strahlenden Augen, am strahlenden Blick der Mutter und des Vaters, wenn sie ihr Kind betrachten, zu erkennen. Dem Baby wird hierdurch das Gefühl des Geliebtwerdens, der Sicherheit und Geborgenheit vermittelt. Jetzt ist es bereit zu lernen und aufzunehmen, was der ihm nahestehende Mensch vormacht. Die Bindung ist geglückt. Das Überleben gesichert.
Gelungene Spiegelungen im Säuglings- und Kindesalter erzeugen sichere, stabile Bindungen sowie Grundmuster für eine gute Kommunikation, die lebenslang wirken. Sie führen zu sozialen Fähigkeiten, die ein Leben lang menschliche Kontakte erleichtern.
Nur wenn sich Babys vom ersten Lebenstag an willkommen fühlen, wenn sie behutsam und einfühlsam behandelt und beantwortet werden, entwickeln sie sich später so, dass sie sich selbst in andere einfühlen können.

Nur dann können sie auch optimal lernen, denn Lernprozesse, gerade in den neuronal prägenden ersten Lern-
jahren, geschehen am besten durch Spiegelprozesse am
Beobachtungsmodell. „Das Vorbild nachahmen" ist die
Devise" beim kleinen Menschen.

Man muss sich das einmal genau vor Augen halten:
Die Art, wie wir als Kleinkinder Bindung erfahren, wirkt
sich dramatisch auf die spätere Beziehungsfähigkeit, auf die
Gehirnentwicklung und die seelische Gesundheit aus.
Eine sichere Bindung ist die Basis für ein gelingendes Leben
schlechthin. Sie ist wie ein sicherer Hafen, von dem aus man
die Welt erforschen, in den man aber auch jederzeit zurück-
kehren kann. Ein sicherer Hafen, der einem Schutz und
Geborgenheit bietet.
Unsichere Bindungen dagegen beeinträchtigen die Psyche,
machen neurotisch und die Gefühlswelt chaotisch.
Die permanente Angst der Unsicherheit in solchen
Bindungen sorgt für unterschwellige Dauerschmerzen,
deren körperliche – seelische Ursache erst heutzutage erforscht wird.
Verlassenheit und Ablehnung als Baby bedeutet höchste
Angst, höchste Enge und stärkstes Zusammenziehen aller
Muskeln und Eingeweidefunktionen.
Es bedeutet das brennende Gefühl heftigster Cortisol-
ausschüttung. Nicht umsonst haben Babys und Kleinkinder
die Gabe, markerschütternd zu schreien.
Werden Menschen im Säuglings-und Kleinkinderalter nicht
angemessen beantwortet, kommt es vielfach zu neuro-
tischen Störungen.
Man weiß heute: Je neurotischer ein Mensch, desto schwerer hat er es im Leben. Selbst wenn er hochintelligent, reich

und schön ist.

Sichere Bindungen sind nicht nur für den einzelnen von Vorteil. Auch die Gesellschaft profitiert davon, da sicher gebundene Menschen mehr gemeinschaftliches Verhalten haben. Sie besitzen mehr Empathie, können sich also besser in andere hineinfühlen.
Sie haben durch die schnellere Beruhigung des Hirnstamms und der Angstschaltkreise bessere Bewältigungsmöglichkeiten bei Konflikten und holen sich eher Hilfe. Sie sind ausdauernder und flexibler beim Lösen von Problemen und ihr Gedächtnis funktioniert besser, da sie verstärkt alle Gehirnbereiche nutzen können.
Frühe Beziehungen und die dadurch wirksamen Vorbilder bestimmen maßgeblich unsere psychische Stabilität, unsere Fähigkeit zur Selbstbeherrschung und Regulation unserer Gefühlszustände.

4.4. Fatale Erziehungsprägungen

Auch in unserer Gesellschaft wirken noch die Bindungsmuster der Eltern- und Großelterngeneration.
Dazu muss man wissen, dass diese nicht selten von der
kriegerisch – sadistischen Ideologie der Nationalsozialisten
geprägt wurden, welche in der Ratgeberliteratur der Lun-
genärztin Johanna Haarer bis in die späten 90er ihren
literarischen Niederschlag erfuhr.
Nicht von ungefähr wurde psychische und physische Gewalt
in unserem Land erst 2002 per Grundgesetz verboten.
Haarers fatale Erziehungsgrundsätze zielten darauf ab, die
Grundlage für soldatischen Nachwuchs zu züchten. Man
wollte Menschen, die danach streben sich an das Kollektiv
hinzugeben und einen starken Führer zu „lieben". Der „voll-
wertige Mensch" war der, der lenkbar ist und bestimmten
Reizen automatisch folgt. Individualität, persönliche Stärke
und selbständiges Denken war nicht gefragt.
Kinder wurden nicht zum fühlenden und spürenden Wesen
erzogen, sondern zum Kameraden, der nicht mit sich,
sondern mit seinem ideologischen Auftrag in Kontakt ist.
Der nach außen und oben orientiert und somit verfügbar
ist.

Betrachten wir die Mechanismen: Los ging`s schon kurz
nach der Geburt.
Um einer „Verzärtelung", wie es Haarer nannte, vorzubeu-
gen, sollte das Baby erst einmal 24 Stunden von der Mutter
getrennt werden.
In der ersten Stunde ist ein gesundes Baby aber normaler-

weise hellwach. Es kann seine Augen weit öffnen, seine Umgebung sehen und mit der Mutter Kontakt aufnehmen. Man sagt, es befindet sich in einer sensiblen, einer für die Beziehung von Mutter und Kind besonders bedeutenden Phase.

Dieses Naturprogramm ermöglicht eine grundlegende tiefgreifende Bindung und Prägung von Mutter und Baby aufeinander. Und es ermöglicht den Abruf eines instinktiven Programms der Mutter, wie sie mit dem Baby umgehen kann.

Durch Haarers Vorschriften, Mutter und Kind erst einmal zu trennen, konnte die so wichtige Prägung in der sensiblen Phase der ersten Stunde nicht stattfinden.

Die Mütter wurden durch die Trennung instinktiv verunsichert. Sie konnten nicht mehr auf ihr angeborenes Verhaltensprogramm zurückgreifen und verlangten um so begieriger nach äußeren Ratschlägen.

Diese Ratschläge waren in der Tat Schläge. Die Anweisung, wie die Mutter das Baby zu halten hatte, war so, dass der für gelingende Spiegelprozesse nahe Blickkontakt von ungefähr fünfundzwanzig Zentimetern von Mutter und Kind nicht möglich war. Bei der Nahrungsaufnahme wurden dem Baby die Händchen festgehalten. Es hatte nicht zu greifen, sondern zu schlucken, was man ihm gab.

Mit allen Mitteln sollte das kleine Baby dazu gebracht werden sich unterzuordnen.

Auch einem vorgeschriebenen Essensrhythmus. Akribisch genau sollten die Essenszeiten und die Essensdauer eingehalten werden. Alle vier Stunden wurde gestillt oder die Flasche gegeben. Stillkinder bekamen zwanzig Minuten, Flaschenkindern wurde nur zehn Minuten zugestanden.

Das Flaschenkind bekam also nur zehn Minuten Körperkontakt und meist gar keinen Hautkontakt.

Flaschenkinder waren als Schreikinder verpönt. Sie galten als gierig, als unruhiger und unsauberer als Stillkinder. Und Flaschenkinder waren viele. Denn viele Mütter hatten durch die Vierundzwanzig-Stunden-Entzugsregel Probleme mit dem Stillen und konnten nicht auf ihre Urinstinkte zum natürlichen Umgang mit dem Baby zurückgreifen.

Nach den Mahlzeiten wurden Babys dann vier Stunden in einen ruhigen Raum gebracht werden. Also weg von der Mutter. Wieder kein beruhigender Körperkontakt. Verhielt sich das Kind bei den Mahlzeiten nicht ordentlich, also angepasst in Haarers Sinn, sollte die Mahlzeit sofort abgebrochen und das Kind bis zur nächsten Mahlzeit kaltgestellt werden.

„Kaltstellen" war das Wort, kalt und brutal die Handlungsweise. Unbarmherzig ließ man Babys, die solcherart kaltgestellt waren, oder zwischen den Mahlzeiten Hunger hatten, schreien. In den kleinen Körpern kam es auf diese Weise regelmäßig zu extremen Spannungen, zu brennendem Schmerz, zum Gefühl inneren Zerberstens.

Fand endlich die ersehnte Mahlzeit statt, kam es zu übermäßig hektischem inneren Saugdruck, dessen Befriedigung zu allem anderen als einer entspannten Nahrungsaufnahme, nämlich zu Verdauungsbeschwerden und Erschöpfung führte.

Das unartige, eigensinnige Kind war so erfunden. Man weiß inzwischen empirisch, dass Kinder bis zum Alter von etwa acht bis neun Monaten nur ihre eigene Befindlichkeit ausdrücken können. Den Babys wurde nach Haarer aber von Anfang an Eigenschaften wie Eigensinn und unangemessenes Fordern nach Aufmerksamkeit unterstellt.

Eigensinn war das Schlimmste für Haarer. Eigensinn musste

dem Kind ausgetrieben werden. Durch Kaltstellen, Hungernlassen und durch Liebesentzug. Später, in der Spielphase und Jugend, durch Wegsperren in dunkle Zimmer und Keller, durch Verachtung, Demütigung, Anschreien und Klapse, die oft handfeste Prügel waren.
Geschlagen wurde überhaupt, was das Zeug hält. Die Tracht Prügel, die Ohrfeige war normal für die Kriegs- und Nachkriegsgenerationen. Verdient oder nicht. Man durfte nicht aufbegehren, keine Widerworte sagen. Unrecht musste man klaglos ertragen lernen. Man musste sich fügen, wurde abgerichtet und konditioniert. Kontrolle, Planmäßigkeit, leichte Beherrschbarkeit, Aufopferungsbereitschaft, Sauberkeit und Leistung waren die herrschenden Erziehungsmaximen.

Die massenhafte Umsetzung dieser kalten, beschämenden, brutal abweisenden Erziehung führte in unserer Gesellschaft zu massiven Bindungsstörungen der Menschen untereinander mit verstärkter Angstanfälligkeit und dem Unvermögen, klare persönliche Grenzen ziehen zu können.
Psychologen sprechen von einer unsicher vermeidenden oder zwiegespaltenen Bindungsform, die durch Spiegelung, an die Nachfolge-Generationen weitergegeben wurde.

Wir sehen so heute in unserer Gesellschaft viele Menschen, die an Unsicherheit, leichter Beeinflussbarkeit, Lenkbarkeit und massiven Verlustängsten leiden, die Halt in unheilvollen Klammerbeziehungen suchen oder auch gerne in der Masse aufgehen, die keine Spontaneität mögen, sondern feste Vorgaben, Ordnungsprinzipien und Reinlichkeit brauchen. Viele fühlen sich schnell unter Druck gesetzt, weil sie aufgrund ihrer Erziehungserfahrungen mit primitiven

Angst-Lähmungsreflexen reagieren, da sie reifere Angst-
reflexe, die komplexere Antworten auf Bedrohungen zulassen würden, noch nicht entwickeln konnten.

*Viele Menschen spüren in ihrem Körper ständig eine
unterschwellige Spannung, die sie nicht zuordnen können. Sie
haben deshalb einen Drang nach Betäubung in allen möglichen Formen, einen Drang nach Führung und Halt, nach
Anerkennung durch Leistung und Perfektion..*
*Nur durch eine einfühlsame Behandlung von Anfang an
entwickeln sich Kinder später zu starken, kreativen, wirklich
gemeinschaftsfähigen Persönlichkeiten.*

4.5. Unsichere Bindungserfahrungen werden weitergegeben

Bindungsforscher, sowie Entwicklungspsychologen, setzen sich sich deshalb vehement für eine einjährige Schutzzeit nach der Geburt ein und befürworten darüber hinaus, Kinder bis zum dritten Lebensjahr im förderlichen familiären Umfeld oder in familienähnlichen Kitas mit nicht mehr als vier Personen aufwachsen zu lassen.

Denn die für den Selbstwert so wichtigen positiven Bindungserfahrungen finden in den ersten Monaten und Jahren des Lebens statt, wie wir gesehen haben.

Unter Druck und Ablenkung kann man einem Kind nicht die ruhige entspannte Aufmerksamkeit zukommen lassen, die es braucht, um selbst zu entspannen.

Auch schon dauerhafter Alltagsstress kann den Spiegelprozess erheblich behindern. Hänge ich ständig mit dem einen Ohr am Handy und versuche gleichzeitig mein Baby zu besänftigen, fehlt es an ruhigem freundlichen Augenkontakt.

Bin ich von eigenen Problemen abgelenkt oder komme mit mir selbst nicht gut zurecht, ist der neuronale Schaltkreis, der zwei Systeme in Einklang bringen soll, unterbrochen.

Das hinterlässt besonders im empfindlichen Nervensystem des Babys Spuren.

Seine Nervenströme können dann nicht richtig fließen, was

ein starkes körperliches Unwohlsein hervorruft.
Betrachten nahe Bezugspersonen Babys mit einem starren oder abwesenden Blick, versucht es mit all seinen Mitteln, vom Flirten bis zum Schreien, diese zu einer Reaktion zu bewegen. Funktioniert dies nicht, geben sie irgendwann resigniert auf. Die Bindung zur Bezugsperson wird unsicher und angstbehaftet.

Bindungsmuster, gleich welcher Art, werden von Generation zu Generation weitergegeben.
Nach neuesten Forschungen können selbstverliebte, perfektionistische, zwanghafte oder gewalttätige antisoziale Persönlichkeiten mit einer Funktionsstörung des Systems der Spiegelneuronen in Zusammenhang gebracht werden.

5. Fehlgeleitete Bindungsprozesse und die Optimierungs-Ideologie des Schulsystems

5.1. Bildungsfalle Perfektionismus

Fehlgeleitete Bindungsprozesse können zu vielerlei Persönlichkeitsstörungen führen.

Eine davon ist Perfektionismus.

Perfektionisten fühlen sich aufgrund ihrer „löchrigen" Bindungserfahrungen in ihr Umfeld nur unsicher eingebunden. In ihrer frühkindlichen Zeit bekamen perfektionistische Menschen nur wenig Interesse von ihren Bezugspersonen. Dieses Interesse war mit bedingter Zuwendung und Leistungserbringung gepaart, meist mit der Botschaft, „Gefühle sind etwas für Schwächlinge". Aufmerksamkeit gab es nur vereinzelt, eben wenn die Leistung, die der unempathischen Bezugsperson gefiel, erbracht wurde.

Solcherart gebundene Menschen versuchen lebenslang genauestens zu erkunden, welche Leistungen Beachtungserfolg versprechen. Sie erlegen sich selbst harte Zwänge und Bandagen an, um nur ja nicht zu versagen, sondern erfolgreich zu sein.

Es entsteht somit ein verstandeslastiger Leistungsmensch, der sich keine Schwäche leisten darf, und der später auf diejenigen herabsieht, die Schwäche oder Gefühle zeigen.

Hinsichtlich unseres Zieles, Lernen zu optimieren, ist es wichtig zu wissen, *dass das perfektionistisch geprägte Gehirn einem fundamentalen Denkfehler unterliegt,* wie es der Psychotherapeut und Autor Ralph M. Bonelli in seinem Buch „Perfektionismus" beschreibt.

Perfektionisten verabsolutieren erbrachte Leistungen. Von ihr werden Würde und Wert eines Menschen abhängig gemacht.

Perfektionistische Menschen haben außerdem ein *Problem mit Zweideutigkeit.* Sie kennen kein „sowohl als auch", sondern nur „schwarz oder weiß", „gut oder schlecht", „Eins oder Sechs, Bester oder Versager." Sie haben Angst vor Liebesverlust und sozialer Abmahnung, die ihnen drohen, wenn sie Kriterien von außen, also von Freunden, Eltern, Lehrkräften oder Arbeitgebern nicht entsprechen.

Perfektionisten vermeiden Fehler und Tadel sozusagen aus Angst um sich selbst. Ihr Ziel ist die Unangreifbarkeit ihrer Persönlichkeit, sowie das Streben nach äußerer Anerkennung.

Der innere, gesunde Antrieb, sich selbst zu entwickeln und zu verbessern, ist beim Perfektionisten durch die ängstliche Orientierung nach außen verschüttet. Seine Denkweise ist: „Wenn ich versagt habe, dann habe ich als Person versagt."

„Gut" sein, die Note 2, zählt nicht in einem perfektionistischen System. Perfekt sein, der oder die Beste sein, das zählt.

Damit man sich aber als der Beste wahrnehmen kann, muss

man ständig den Gegner im Blick haben und ihn kontrollieren. Man wird somit zum permanenten kämpferischen Vergleicher und hasst sich selbst, wenn man versagt, hasst den anderen, wenn dieser einem die erste Position streitig macht.

„Streng dich an", „Alles ist machbar, wenn du dich genügend bemühst", sind die Leitsätze.

Den Perfektionisten treibt eine überdimensionale Angst vor Ausgrenzung und Verlassenheit.

Da die Angst vor Verlust der Bindungsperson und auch vor Ausschluss aus der vertrauten Gruppe zu den größten menschlichen Ängsten überhaupt zählt, ist der Perfektionist durch seine Angst auch überdimensional angreifbar und steuerbar.

Denn bei ihm ist ganz schnell innerer Großalarm angesagt. Dieser drängt zu einem extremen Verlangen nach Sicherheit, nach Kontrolle der Innen- und Außenwelt und eben zu perfekten Leistungen. Fehlleistungen verbindet der nach eigener und fremder Perfektion Verlangende sofort mit dem Verlust der eigenen Würde und mit dem Verlust des Ansehens.

Dadurch entsteht bei ihm die hochgradige Fehlersensibilität sich selbst, aber auch anderen gegenüber.

Es ist deshalb nicht verwunderlich, dass Perfektionismus nach klinischen Studien in Zusammenhang mit Burn-Out, Ess-, und Zwangsstörungen zu stehen scheint.

Auch bestimmte **Systeme** unterliegen perfektionistischen Tendenzen. Sie unterliegen einer Optimierungsideologie, die alles gleichfahren und kontrollieren möchte, Die die Facette, die Variation, das Feine, Kleine, Tiefgründige nicht sehen kann. Die nicht begreift, dass das Bunte, Vielfältige zur größten Entwicklung menschlicher Errungenschaften beigetragen hat.

Von diesen kognitiv eingeschränkten Systemen wird man nicht als umfassendes menschliches Wesen mit Stärken und Schwächen gesehen, sondern immer kritisch betrachtet und nur in fehlerloser Funktion geschätzt.

Perfektionistische Systeme kranken an Starre, sie sind unflexibel und unlebendig. Oft wird in solchen Systemen Perfektionismus auch unter dem Deckmantel „Gewissenhaftigkeit" verkauft.

Gewissenhaftigkeit auf Druck von außen und nicht aus einem inneren Ordnungs- und Harmoniebedürfnis, kann leicht in Pedanterie und leider auch Sadismus ausarten.

Vergangene Schülergenerationen können ein Lied davon singen. Mit brutalen Strafen wurde ihnen in Schulen Disziplin und Ordnung vorgeschrieben. Zuwiderhandlungen wurden körperlich oder durch Klein- und Lächerlichmachen bestraft. Schulische Handlungen unterlagen einem starren militärisch-religiös verbrämten Normsystem, dessen Reste noch immer nicht vollständig abgebaut sind.

Der Starre, Unlebendige, Untertänige ist einfach steuerbar.

Psychiatrisch wird Perfektionismus als fehlangepasster Bewältigungsstil des Lebens bezeichnet. Die Fragen hinsichtlich perfektionistischer Optimierungstendenzen unseres Schulsystems sind deshalb, wie demokratisch, lebendig und human bei uns tatsächlich gelehrt und gelernt wird, wie mit dem Zwang zu Bestleistung, Fehlerlosigkeit und Dienstbarkeit umgegangen wird und was mit Lehrkräften passiert, die die derzeitige perfektionsgetriebene Zumüllung mit Stoff, Anweisungen und Dienstvorschriften, auch elektronischer Art, nicht ausführen.

5.2. Bildungsfalle Narzissmus

Auch Narzissten kranken an einer Bindungsstörung, einer fehlgeleiteten Prägung des sozial-emotionalen Neuronensystems.

Der Begriff „Narzissmus" stammt aus einer griechischen Sage. Darin gab es den Jüngling Narziss, der von seiner eigenen Schönheit so angetan war, dass er sich in sein Spiegelbild verliebte. Nicht einmal die Liebe der Nymphe Echo hatte eine Chance gegen seine Selbstverliebtheit.

Narzissten sind also selbstverliebte, einseitig um sich selbst kreisende Persönlichkeiten. Sie wählen andere danach aus, wie sehr sie zu ihrem Ruhm und Erfolg beitragen. Sie setzen andere gerne herunter und schalten ihr Einfühlungsvermögen an und ab, gerade so, wie sie es für sich benötigen.

Narzissten setzen sich selbst immer ins rechte Licht, auch wenn das auf Kosten einer ihnen nahestehenden Person geht.

Auf Kritik reagieren sie gekränkt, mit übertriebener Wut oder Scham. Ihre Ziele und Wertvorstellungen gelten als „Heilige Schrift", ihre Mittel und Handlungen dürfen nicht in Frage gestellt werden.

Bei Menschen, in deren Wesen die Ichbezogenheit dominiert, gibt es häufig keine warmherzige, tiefe emotionale Bindung zwischen Eltern und Kindern. Anerkennung und Bewunderung bekommen sie nur in Zusammenhang mit Attraktivität, Leistung, Erfolg und Durchsetzung.

Die Beziehungen innerhalb narzisstischer Familienverbände und Institutionen sind funktional, aber ohne spürbare emotionale Beteiligung. Wünsche nach echtem gefühlsmäßigen Austausch, nach Entspannung, Nähe und Geborgenheit werden als Schwäche abgetan und unterdrückt.

Narzisstische Führungsfiguren indoktrinieren andere, hören nicht wirklich zu, wollen in erster Linie sich selbst und ihre eigene Größe bestätigt fühlen. Sie verhalten sich oft zynisch und misstrauisch. Narzisstische Vorgesetzte schätzen sich besser ein als die anderen, sie verhalten sich streng und fordernd.

Narzisstische Organisationen erkennt man daran, dass sich Schmeichelei, Unterwürfigkeit und „nach dem Mund des Vorgesetzten reden" schon bei vielen Teilnehmern festgesetzt hat.

Wie steht es damit in unseren Schulen?

Wie steht es um den wirklich aufrichtigen und anteilnehmenden Austausch im Klassenzimmer, Kollegium, mit der Schulleitung?

Wie steht es um Schmeichelei der Lehrkräfte nach oben zum Dienstherren, um die Fähigkeit von Lehrkräften, SchulleiterInnen, SchulrätInnen, andere Meinungen und Gedanken zulassen zu können?

Wie steht es um das Ansehen eigener Größe bei unseren BildungspolitikerInnen?

Schule, will sie wirklich zukunftsfähig werden, muss sich solche Fragen gefallen lassen und narzisstischen Tendenzen als Denk- und Bildungsfalle verstehen lernen.

5.3. Psychopathie

Psychopathen sind Menschen mit fehlender Empathie. Hirnorganisch lassen sich bei Psychopathen Unterfunktionen in verschiedenen Gehirnbereichen feststellen. Betroffen sind die Amygdala, die zentrale Stelle für den Angst-Flucht-Modus, der Gyrus cinguli, ein Gehirnbereich in dem negative Gedächtnisinhalte gespeichert werden, die Insula, zuständig für die Selbstwahrnehmung und für die empathische Wahrnehmung der Gefühle anderer und der präfrontale Kortex, in dem die Wertung von Handlungen und die Planung zukünftiger Handlungen ausgeführt wird.
Der Antrieb des Psychopathen ist Gier nach Belohnung und rücksichtslose Gewinnmaximierung.
Die Ursache für Psychopathie kann sowohl genetisch, aber auch durch Gewalterfahrung, Ausgrenzung und einen Verlust an menschlichen Bindungen in der Kindheit entstanden sein.

Ein Psychopath hat keine Probleme mit Situationen, die normalen Menschen den Angstschweiß auf die Stirn treiben. Dadurch beeindruckt er sein Umfeld, gerade auch in einer Schulklasse. Er kann anderen Schmerz zufügen ohne davon berührt zu werden. Er kennt keine Gefühle wie Reue oder Schuld.
Psychopathen lügen, sie betrügen geschickt und machen andere gefühlsmäßig von sich abhängig, indem sie scheinbar einfühlsam Sehnsüchte nach Sicherheit und Halt bedienen.

Scheinbar, da sie die Sehnsüchte ihres Gegenübers blitzschnell auf das Genaueste erkennen und darauf reagieren, dies aber innerlich kalt und ohne echte Beteiligung.

Leider merkt das Gegenüber nichts von dem fehlenden innerlichen Mitgefühl, denn Psychopathen sind hervorragende Schauspieler und können eine große Gefühlspalette mimisch und gestisch perfekt simulieren. Genau das macht sie so gefährlich.

Unsere derzeitige Welt und die Geschichte ist voll von solchen „starken" Führern", auch im Schulbereich und im Klassenzimmer sind wir nicht gegen sie gefeit.

Der kanadische Psychologe Hare geht davon aus, dass unter Kaufleuten, Managern, Maklern und Börsenhändlern etwa vier von hundert Menschen extrem psychopathische Züge aufweisen. Insgesamt schätzt er die Quote in den industriellen Ländern auf ein bis zwei Prozent.

Leider beeindruckt die scheinbar vorhandene Stärke und Unbeirrbarkeit psychopathischer Menschen auch viele intelligente Zeitgenossen.

Intelligenz hilft nichts, wenn sie von den starken Bedürfnissen unseres Reptiliengehirns nach Sicherheit, Nahrung und Anerkennung ausgeschaltet wird.

Psychopathen spielen meisterhaft mit unseren Impulsen der unteren Gehirnregelkreise. Hiervor schützt nur Wissen um solche Persönlichkeitsstrukturen.

Ein Psychopath lernt nicht aus seinen Fehlern. Er kann nicht sachlich diskutieren und Fehler zugeben. Daran ist er identifizierbar.

5.4. Bindungsmuster kann man durchbrechen

Negative Bindungsmuster können durch Selbstreflexion und Training durchbrochen werden. Eltern müssen ihre eigenen Störungen nicht zwangsläufig an ihre Kinder weitergeben.

Am sinnvollsten dafür sind Schulungen für werdende Eltern, um die Grundmuster für eine einfühlsame Kommunikation mit dem Nachwuchs rechtzeitig zu erwerben.

In einigen Ländern gibt es diese bereits. Auch bei uns entsteht dafür allmählich ein Bewusstsein.

Aber auch die Begleitung von Eltern und Kindern durch Hilfskräfte in den ersten Monaten und Lebensjahren ist wichtig. Denn unter Stress, und das ist mit Babys und Kleinkindern oft der Fall, ist man schnell in seinen unteren Reflex-Regelkreisen und damit wieder in alten Bindungsmustern. Man gibt dann das weiter, was man eigentlich nie wollte. Die Gewalt nimmt so oft ihren Lauf. Gewaltstatistiken in unseren Ländern sprechen ihre Sprache. Auch die Prägungen unserer kommenden Elterngenerationen werden, ohne Reflexion und neue Ausrichtung, von längst vergessen geglaubten Gewaltvorfällen und den entsprechenden Handlungsmustern gekennzeichnet sein.

Tun wir alles dafür, Bindung neu zu lernen. Damit unsere rechtliche Vorgabe für gewaltfreie Erziehung auch wirklich in die Tat umgesetzt werden kann.

5.5. Auch Lehrende sind Bindungspersonen und somit Spiegelmodell

Wir haben gesehen, dass der entscheidende Motivations-schub beim Lernen durch gute Spiegelmodelle geschieht.

Welche Eigenschaften hätte denn so ein Modell idealer-weise, wenn es sich um eine Lehrperson handeln würde?

Es müsste eine zugewandte, stabile, kritikfähige und fach-lich sichere Person sein. Zugewandt heißt, so entspannt, dass sie SchülerInnen in ihrer persönlichen Eigenart wahr-nehmen kann.

Zugewandt heißt auch, dass die Lehrperson einen guten Ton besitzt. Eine schrille, hektische Sprechweise erzeugt dieselbe bei den ZuhörerInnen.

Stabil heißt, die Lehrperson hat eine gewisse menschliche Reife und Abgeklärtheit. Sie reagiert mit Humor auf die großen und kleinen Stolpersteine des Alltags. Sie kümmert sich rasch und aktiv um das Wohl ihrer Anvertrauten und wagt es bei Bedarf, sich dem mainstream entgegenzu-stellen.

Stabile Lehrkräfte sorgen beispielsweise für ein zuträg-liches Lernumfeld ohne Störfrequenzen, oder sie halten Unterricht im Freien, auch wenn Dienstvorschriften dage-gen sprechen.

Stabile Lehrkräfte sind nicht wesentlich auf die äußere Beurteilung durch Vorgesetzte angewiesen. Sie haben ein inneres menschliches, demokratisches Wertesystem, nach dem sie sich und ihren Unterricht ausrichten.

Stabilität bedeutet in der Regel auch Kritikfähigkeit. Kritikfähige Lehrkräfte schaffen es, auch in angespannten Situationen einen achtungsvollen Grundton zu transportieren. Sie verlieren selten die Fassung, auch wenn sie persönlich von SchülerInnen angegriffen oder von Vorgesetzen durch abwertende Rede in Konferenzen bloßgestellt werden. Kritikfähige Lehrkräfte beherrschen die Regeln friedvoller, kooperativer Kommunikation. Sie haben das Miteinander und große Ganze im Blick und sind nicht auf Rechthaben gepolt.

Fachlich sicher sollte eine Lehrkraft bezüglich lernpsychologischer Kenntnisse, Entwicklungsstufen der Intelligenz und des Sozialverhaltens sein. Allgemeines Fachwissen ist um so wichtiger, je spezifischer der Lernstoff ist. Deshalb ist neben einer entsprechenden Fachausbildung auch eine hohe berufsbegleitende Lernbereitschaft erforderlich Diese nicht nur im digitalen Bereich, sondern auch hinsichtlich neuer Forschungsergebnisse der Hirn- und Lernforschung.

Eine Lehrkraft sollte im Kontakt spiegeln, dass sie annähernd weiß, was sich vornehmlich in den Köpfen ihrer SchülerInnen so abspielt. Wie sonst könnte sie sonst passend an das vorhandene Wissen und Können andocken.

SchülerInnen haben einen Anspruch auf entspannte, stabile und selbstsichere Lehrkräfte als Bindungspersönlichkeiten. Dies kann man an einem entsprechenden Blick, an entsprechender Mimik, Gestik und an einem guten Ton erkennen. erkennen.
Nur entspannte Lehrkräfte sind ein Modell für lernfördernde

Spiegelprozesse, die beim Lernvorgang benötigt werden, um Forscherdrang, Entdeckungslust und Dranbleiben an einer Sache beim Gegenüber zu fühlen und die eigene Gefühls- und Großhirnwelt damit in Resonanz zu bringen. Fachlich gesprochen, um die eigenen neuronalen Netze an die Vorbildnetze zu adaptieren und damit zu erweitern.

Sicher, selbstbewusst und entspannt ist eine Lehrperson dann, wenn sie in ihrem Revier die Hausmacht hat. Wenn sie sich darin stark und wohl fühlt.
Wenn sie hinter dem stehen kann was ihr Rolle und Aufgabe zuschreiben. Wenn sie sich auf Vertrauen, Zusammenarbeit und Unterstützung seitens der Eltern, Schulbehörden und der Politik verlassen kann.
Wenn es faire demokratische Regeln, einen guten Umgangston und ein gutes Lernklima an einer Schule gibt. Wenn Konsens darüber besteht, dass die Unterminierung demokratischer Regeln Schulung oder Ausschluss nach sich zieht. Wenn also die Möglichkeit besteht, Grenzen zu ziehen.

Lehrende sind keine „pädagogischen" Kontroll- und Ausführorgane, sondern komplexe menschliche Modell-Wesen, die im positiven Falle entscheidend für Lern- und Lebenserfolg stehen.

5.6. Das Perfektionieren der Lehrperson

Wenn man Lehrer und Lehrerinnen fragt, warum sie Ihren Beruf ergriffen haben, antworten die meisten, dass sie mit Kindern und Jugendlichen arbeiten wollen, und dass sie gerne Menschen etwas beibringen. Etwa die Hälfte findet auch bestimmte Fächer interessant und will in diesem Bereich etwas machen. Die flexible Zeiteinteilung, die Sicherheit des Jobs und die vielen Ferien spielen bei der Berufswahl angehender Lehrer eine eher untergeordnete Rolle, auch wenn die Öffentlichkeit gerne eine andere Sichtweise in die Welt tönt.

Im Großen und Ganzen scheinen die Studienanfänger für einen positiven Berufsstart ziemlich viel mitzubringen.

Auch Forschungsergebnisse widersprechen offenbar der öffentlichen Meinung, dass sich oft Personen mit ungünstigen kognitiven und motivationalen Merkmalen für den Lehrberuf entscheiden. Die teils in öffentlichen Diskussionen über Lehrkräfte geäußerten Vorwürfe, Lehrer seien vom Charakter her oft nicht für ihren Beruf geeignet, stimmen daher nicht.

Warum spukt dieses Bild dann trotzdem in vielen Köpfen herum?

JunglehrerInnen müssen ins Seminar. Dort bekommt die noch voller Tatkraft und Idealismus strahlende Person zu spüren, dass sie in der Schulrealität angekommen ist. Hier

werden ein feines Einschwingen auf die Bedürfnisse der
Lernenden und ein freudiges Ausprobieren rasch über-
tüncht durch exakte Vorgaben und überbordende schrift-
liche Anforderungen. Detailleversessene Planungsvorgaben
mit eng gesetzten Rahmen, die Begegnung mit eigenen und
fremden Perfektionsansprüchen führen bei vielen
JunglehrerInnen zu Arbeitsüberlastung und Schlafentzug.
Das hält im Zaum, provoziert Automatismen und nimmt
Raum für kreative Wege. Man macht es unter diesen
Umständen so, wie gefordert, oder wie man es aus eigener
Erfahrung kennt. Man passt sich an das überkommene
perfektionsorientierte Beurteilungssystem an und gewöhnt
sich an absolute Bewertungsmaßstäbe. Schleichend rutscht
man so in dessen überzogene Fehlersensibilität, ohne dass
man es merkt. Der Kampf um die gute Zensur hat
begonnen. In jeglicher Hinsicht.

Viele junge PädagogInnen leiden an heimlichen Ängsten,
das Pensum nicht zu schaffen, die SchülerInnen nicht entsprechend der Vorschriften „in den Griff" zu bekommen, bei
Schwäche vor der Klasse und vor dem Seminar klein- und
lächerlich gemacht zu werden.
Wie man wirklich konstruktiv und lebensnah mit jungen
Menschen umgeht, die einem unverblümt ins Gesicht sagen
was sie denken, lernt man in der Regel in der Ausbildung
kaum.
Wie man für sich selbst sorgt, wenn durch Kränkung die
Wut hochsteigt, lernt man noch weniger. Wie man starke,
tragende demokratische Beziehungen bildet, schon gar
nicht.
Vitale Gefühle, wie Wut, Angst, Freude, Trauer, aber auch
Lebendigkeit und Liebe, haben im Perfektionssystem Schule

keinen Platz.

Übrig bleibt so nach dem Junglehrerdasein häufig die fleißige und beflissene Lehrkraft, die dazu neigt, die Befindlichkeit der anderen über die eigene zu stellen.

Unter allen Umständen darauf bedacht, nirgends allzusehr anzuecken. Denn die Verbeamtung steht ja noch an.

5.7. Zielvorgabe AlleskönnerIn

Laut Bildungsbehörden und Kultusministerkonferenzen soll „die Lehrkraft" Expertin für Inhaltswissen und Lehrplanwissen, für fachspezifisches Wissen und pädagogisches Wissen sein.

Sie soll unterrichten, erziehen, beurteilen, beraten und innovieren, „mit vielfältigen Methoden inhaltlich klar und strukturiert unterrichten". Sie soll den Unterricht gut vorbereiten, ein lernförderliches Klima schaffen, sinnstiftend kommunizieren, intelligent üben, individuell fördern und transparent beurteilen.

Praktisch gesehen heißt das: Die pädagogisch geschulte Fachkraft, die didaktische Könnerin mit perfektem Lehrplanwissen, tritt bestens vorbereitet, mit beurteilendem und erzieherischem Blick vor die Klasse (wenn sie denn nicht eine Maske tragen muss). Sie ist die Erzeugerin und Gestalterin eines lernförderlichen Klimas. Sie hat alle SchülerInnen im Auge und kommt durch gute Führungskompetenz mit allen zurecht, auch mit den Gruppenunfähigen. Sie hat Macht und Befugnis jede und jeden zu beurteilen.

Rolle und Berufsethos der Lehrkraft beeinhalten absolute pädagogische Souveränität und das pädagogische Knowhow, jeden einzelnen entsprechend seinem Lernstand, seinem Lernwillen und seinem familiären Umfeld zu fördern.

Lehrkräfte sollen also gleichzeitig die normale Schülerperson, die schwache, die traumatisierte, die sprachlich rückständige, die geistig rückständige, die hochbegabte, die sensible, die unverschämte und auch die gewaltbereite verstehen, sich auf sie einlassen und ihr gerecht werden.

Lehrende, die zeigen, wenn sie sich überfordert, angegriffen, abgelehnt, gekränkt oder wütend fühlen, werden rasch von Schulaufsicht und Kollegium als unprofessionell und inkompetent markiert.

Eine weitere Hauptaufgabe von Lehrerinnen und Lehrern ist es, den vorgeschriebenen Lehrplan „an die SchülerInnen" zu bringen. Das ist Dienstpflicht. Wenn die Gehirne der Schülerschaft dafür nicht bereit sind, oder der Lehrplan fachwissenschaftlich nicht tragbar ist, wird das der Lehrkraft angelastet. Sie hat ihren Unterricht so zu halten, dass alle mitkommen. Die Begabten, die mit emotionalem oder sonstigem Förderbedarf genauso, wie diejenigen, welche die deutsche Unterrichtssprache schlecht beherrschen und nur Wörter oder einfache Hauptsätze verstehen.

Eine Lehrkraft müsste, nach hergebrachter Aufgabendefinition also nicht nur integrations- und multitaskingfähig sein, sondern möglichst gleichzeitig auf verschiedene Arten sprechen;

Bildhaft–anschaulich und ausdrucksstark mit normalen SchülerInnen. abstrakt gewandt, mit geschliffenem Wortschatz und komplexem Satzbau mit den Begabten.

Einfach direkt, nur das Wesentliche sagend, möglichst mit knappsten Hauptsätzen und Wörtern, mit denjenigen, die der deutschen Sprache nicht so mächtig sind.

In strengem, bestimmtem, dominantem Ton mit den Verhaltensauffälligen. In freundlichem, weichem, offenen Ton mit den restlichen SchülerInnen.

Eine Lehrkraft müsste Unterrichtsstoff unter den derzeitigen schulischen Bedingungen gleichzeitig an vier oder fünf komplett unterschiedlich tickende Gehirnstrukturen vermitteln. Jedes dieser Gehirne bräuchte eine ganz eigene Methode um den Lerngegenstand in seine entsprechend vorgeprägte Neuronenstruktur aufnehmen zu können.

Schulbehörden und Öffentlichkeit untergraben so mit ihren perfektionistisch-idealisierten, teils auch widersprüchlichen Anforderungen die Position von Lehrkräften.
Sie gaukeln ein Rollenbild vom Allwissenden, Perfekten, allem und allen Gerechtwerdenden vor, das in der Realität nicht machbar ist.
Dadurch provozieren sie am Ende Überforderung, Ohnmacht, Hilflosigkeit und Unehrlichkeit.

5.8. Der Default - Effekt in Bildungsinstitutionen

Schulbehörden sind nach wie vor hierarchisch gegliedert und weit weg von echter Demokratie.

Vorgaben, Anordnungen und Lehrpläne müssen per Dienstpflicht eingehalten und umgesetzt werden. Eine Lehrkraft muss immer den Dienstweg einhalten. Hat sie Einwendungen gegen irgend etwas, muss sie ihren Antrag der Schulleitung vorlegen, die ihn begutachtet und nach Überprüfung weiter ans Schulamt, an den Bezirk und an die oberste Schulbehörde leitet.

Eine Vorschlag oder eine Beschwerde durchläuft also Kontrollstationen.

Zwischen Schulaufsichtsbeamten und Lehrkräften gibt es in der Regel kaum Austausch und Redekultur auf Augenhöhe. Ein kooperatives Gestalten von Schule ist eher selten. Neues wird meist angeordnet. In weiten Teilen der Schullandschaft findet man immer noch das selbe Obrigkeitsdenken wie vor fünfzig Jahren. Kaum jemand getraut sich Flagge zu zeigen. Man bleibt lieber vorsichtig im Hintergrund.

Tausende und Abertausende von Lernenden und Lehrkräften sind so gezwungen, tagtäglich zum Teil komplett überholte Vorgaben auszuführen, nur weil diese in vergangenen Zeiten zu einem einigermaßen reibungslosen Schulablauf beigetragen hatten.

Fatalerweise führt das dazu, dass sich die eingeschliffenen

Neuronennetze der Systemteilnehmer „ Schule" dadurch automatisch selbst verstärken und das System immer träger werden lassen. Wissenschaftlich nennt man das „Default-Effekt".

Studien zeigen, dass man allgemein mit steigender Erfahrung, mit Macht und dem Gefühl, fast immer Recht zu haben, automatisch zu einer immer stärkeren Selbstüberschätzung neigt. Man geht so leicht über das Können anderer hinweg, unterschätzt die Mitmenschen und zieht wichtige Einflüsse nicht in Betracht.

Es gilt also in Bildungsinstitutionen, diese Mechanismen zu durchbrechen. Wir müssen wegkommen von den alten patriarchalischen Leitbildern. Wir brauchen demokratische Strukturen und vernünftige, bedächtige und bescheidene Leitungs-Verantwortliche.

Man kennt diese daran, dass sie in Ruhe zuhören können. Dass sie Rede und Antwort stehen können ohne sich auf ihre Vorrechte zu beziehen. Dass sie nicht sofort auf Angriff gehen und innerlich bei Kritik kollabieren. Dass sie im Gespräch nicht verletzend oder rabiat werden, den Zuhörer nicht zutexten oder sofort rhetorische Manipulations- und Ausweichmanöver starten, wenn sie hinterfragt werden.

5.9. Lehrkräfte als psychische Entlastungsfiguren

Früher gab es zwischen Eltern und Lehrkräften kaum eine Zusammenarbeit. Lehrer und Lehrerin waren Autoritätspersonen, die man zu respektieren hatte. Mitreden in Sachen Fachwissen konnten die Leute sowieso nicht. Außerdem war man es gewohnt, Autoritäten zu gehorchen.

Das ändert sich allmählich.

Eltern sind heute besser informiert als früher, aber wegen der gesellschaftlichen und wirtschaftlichen Bedeutung von Notenabschlüssen oft unangemessen und uferlos in ihren Ansprüchen. Das hoffnungsvolle Kind, ob fleißig, faul, intelligent, praktisch oder musisch begabt, ob sozial altersgemäß oder zurückgeblieben, muss ins Gymnasium. Koste es, was es wolle.

Eine gute Stimmung im Klassenzimmer, eine faire Behandlung aller ist da auf einmal nicht mehr so wichtig. Jeder sieht nur noch sich selbst und überträgt die eigene Zukunftsangst dann natürlich auch auf sein Kind.

Hauptsache, die Lehrkraft powert den Stoff durch, der irgendwann in einer Prüfung vorkommen könnte. Hauptsache, es wird nichts verpasst.

Unterricht wird auch in sozialen Netzwerken durchforscht und öffentlich gemacht. Wehe, wenn eine Lehrkraft der Nachbarklasse etwas durchnimmt was die eigene nicht macht.

Leistungszentriertheit und Ellenbogenmentalität haben in unseren Schulen Einzug gehalten. Sie kommen nicht nur von Seiten der Schulen sondern werden auch von der Gesellschaft gnadenlos an LehrerInnen und SchülerInnen weitergegeben. Lehrkräfte müssen damit oft Lehrpläne und Notenvergaben durchdrücken, hinter denen sie insgeheim selbst nicht stehen.

Eine Lehrkraft verbringt mittlerweile durchschnittlich ein Drittel der gesamten Unterrichtszeit mit Erziehen, denn Eltern und Gesellschaft geben den Erziehungsauftrag immer mehr an die Schulen ab. Das bedeutet übertragen, dass eine Lehrkraft immer schlechter ihren ganz normalen Unterricht halten kann und es im Unterricht permanent zu kleinen Störungen und Unterbrechungen kommt.
Gift für ruhige Aufmerksamkeit und tiefe anhaltende Denkprozesse, wie wir gehört haben.
Von Zuhause bringen SchülerInnen zunehmend weniger Fairness, Redekultur und gute Umgangsformen mit, obwohl die Eltern das Erziehungsfundament für gute Umgangsformen legen müssten.
Viele SchülerInnen sind derzeit in ihrer sozialen oder demokratischen Entwicklung rückständig und missachten einfachste Regeln. Gibt es in dieser Hinsicht Probleme, fehlt vielen Eltern die Einsicht.

Häufig ist es noch so, dass Lehrkräfte als psychische Entlastungsfiguren herhalten müssen, an denen man alte Verletzungen kompensiert. Die Begegnung mit einer Lehrkraft, ja schon allein der Aufenthalt in einem Klassenzimmer reicht oft, dass vor langer Zeit erlittene negative Gefühle, wie Langeweile, schlechtes Gewissen, Schuldgefühle und Versagensängste wieder hochkommen.

6. Schulischer Alltag

Szenen einer 7b

Herr G., unser fachlich und lehrplanmäßig perfekt vorbereiteter Lehrer betritt, erzieherisch motiviert, medienpädagogisch geschult, bereit, sinnstiftend zu kommunizieren und jede(n) optimal zu fördern, in der 4. Stunde das Klassenzimmer der 7b einer ganz normalen öffentlichen Schule.
Er hat Glück, denn nur 20 SchülerInnen sind in dieser Klasse.
Obwohl viele Herrn G. ganz gut kennen, muss dieser sich durch ein lautes „Guten Tag" erst einmal bemerkbar machen.
Es mieft in der Klasse, die SchülerInnen hatten vorher schon Unterricht und bräuchten eigentlich Bewegung. Einige zeigen körperlich ihren Frust und rumpeln an die Schulbänke.

Herr G. macht das Fenster auf und will richtig lüften um die Schülergehirne auf Trab zu bringen.
„Scheißidiot" zischt es von irgendwo her. Herr G. zuckt innerlich zusammen. „Die meinen sicher nicht mich" beruhigt er sich, setzt eine freundliche Miene auf und erkundigt sich bei den SchülerInnen: „Was war heute schon Wichtiges los? Wer mag erzählen?" Herr G. hat NLP und TZI gemacht um Unterricht pädagogisch richtig beginnen zu können.
Also weiß er: „Persönlich an die Erfahrungen der SchülerInnen anknüpfen. Sie freundlich da abholen wo sie sind."
So erfährt Herr G., dass der Mathelehrer vor ihm wieder mal „Bockmist" gebaut hat, und dass viele den Stoff nicht verstanden hätten.

„Jetzt aber flugs zu meinem Unterricht", kommt es Herrn G. auf einmal in den Sinn, „ sonst schaffe ich mein Pensum nicht. Was dann auf mich zukommt...". Eine Reihe von Bildern formieren sich in Herrn Gs Kopf: Der tadelnde Blick des Chefs, aufgebrachte Eltern, die beklagen, dass ein gewisser Stoff nicht durchgenommen wurde, zahllose Überstunden mit Nachkorrekturen... . Herr G. spürt eine leise Anspannung.
Trotzdem bleibt er nach außen freundlich den SchülernInnen zugewandt und beginnt mit dem Unterricht.
Die meisten machen auch ganz gut mit, außer Peter. Der zeigt eine arrogant abfällige Miene, dreht seinen Körper zum Fenster und trommelt provokativ mit den Fingern auf die Bank.
Herr G. ist im Konflikt. Als guter Pädagoge möchte er, dass alle Schüler und Schülerinnen aufpassen und mitarbeiten. Also müsste er sich um Peter bemühen. Andererseits würde ihn die Klärung wieder wertvolle Zeit kosten.
Und Herr G. weiß, dass er Peters Problem auf die Schnelle gar nicht klären kann.
Engagiert wie Herr G. ist, hat er sich nämlich schon viel mit Problemen hypermotorischer, vernachlässigter Schüler beschäftigt. Und ahnt, dass bei Peter so einiges zusammenkommt:
Kein Frühstück, Cola vom Schulautomaten, Eltern mit sich selbst beschäftigt, Schüler intellektuell begabt, aber emotional vernachlässigt, viel in Sex- und Gewaltportalen unterwegs (Herr G. ist ja nicht von gestern...) .
Ein kurzes Besänftigen hilft da nicht, wie es in der Lehrerfortbildung empfohlen wurde. Und ein sehr bestimmtes, dominantes Auftreten seinerseits würde den Schüler nur noch mehr provozieren. Das weiß Herr G..
Insgeheim aber fürchtet er sich vor Peters Ausbruch. Ein

verbales „F....dich, W........, du Versager hast mir gar nichts zu sagen ", ist bei diesem Schüler noch harmlos.
Peter ist wie ein brodelndes Fass, bereit, jederzeit zu explodieren. Kennt dann keine Grenzen mehr, verbal und körperlich und steckt auch oft die Mitschüler an.

„Gefahr im Verzug" meldet Herrn Gs inneres Alarmsystem. „Bloß nichts falsch machen" . Also versucht Herr G. Peter zu ignorieren und keine schlafenden Hunde zu wecken. Schließlich drängt die Zeit. Das Stoffziel muss auf jeden Fall erreicht werden. Nächste Woche steht eine Schulaufgabe an.
Herrn Gs körperliche Spannung ist zwischenzeitlich auf Rekordniveau. Aber das ist dem Lehrer nicht mehr bewusst. Die Ausschüttung seiner Stresshormone betäubt momentan das unangenehme Gefühl.
Jetzt verändert sich Herrn Gs Gesicht. Die anfangs so freundliche, entspannte Miene weicht einem verkniffen - angespannten, ängstlich - genervten Gesichtsausdruck.
Herr G. wirkt erstarrt, bereit wie die Raubkatze zum Sprung, aber zurückgehalten vom Korsett der pädagogischen Vernunft.
Die einfühlsam kooperativen SchülerInnen reagieren. Auch angespannter als vorher folgen sie dem Unterricht und ducken sich in ihren unbequemen Bänken. Darauf bedacht, Herrn G. nicht weiter zu reizen.
Denn sie wissen aus Erfahrung. Wenn ihr Lehrer so eine Miene aufsetzt kann das bitter werden...

Wenn man bedenkt, dass das Gehirn seelischen Schmerz genauso wie körperlichen Schmerz verarbeitet, hat nach der sechsten Störung auch der gutwilligste Pädagoge keine Kraft mehr, sich neu zu sammeln und neu zu motivieren.

6.1. Lernen unter Anspannung

Beim Betrachten von Alltagsunterricht muss jeder halbwegs realistische Beobachter feststellen, dass ein Großteil der Zeit von unterschwelliger Spannung gekennzeichnet ist. Eskaliert die Spannung, kann sie sich auf beiden Seiten entladen.

In die enge getriebene Lehrkräfte piesacken, demütigen und blamieren dann schon mal und verfallen in Züchtigungsgewohnheiten vergangen geglaubter Zeiten.

Sie lesen ohne Einverständnis missglückte Arbeiten vor und machen Schwächen öffentlich. Sie erschrecken mit unangesagten Proben, stellen „Fangfragen", und erkennen nicht an, was geglückt ist.

Die meisten SchülerInnen ertragen das aus Hilflosigkeit. Aber auch, weil sie ihre Noten nicht gefährden wollen. Manche drehen aber auch den Spieß um. Und glänzen durch aktiven Widerstand und Provokation.

Zunehmend finden SchülerInnen in ihren Lehrkräften willkommene Opfer um vorhandene Gewaltmuster abreagieren zu können. Die Hemmschwelle, Gewalt gegen Lehrer und Lehrerinnen auszuüben, ist bei Schülern und Schülerinnen deutlich gesunken.

Lehrkräfte, die völlig fertig mitten aus dem Unterricht das Klassenzimmer verlassen sind heutzutage keine Seltenheit. Leider trifft die Schülerschikane häufig nicht die verletzenden, sarkastischen, demütigenden, sondern eher die freundlichen und nachsichtigen KollegInnen, und, in Zeiten steigender Anzahl von Schülern mit Machokultur, die weiblichen Geschlechts.

Die Schikane von Lehrkräften und MitschülerInnen gab es zu allen Zeiten. Was sich aber geändert hat, ist das Ausmaß der Unverfrorenheit gegenüber Frauen. Ebenso das Ausmaß von Gewalt.

Nicht nur viele der älteren Schüler haben und suchen sich Zugang zu Gewaltmedien.

Schon die Kleinen in der Grundschule sind medial massiv mit Mord- und Totschlag konfrontiert. Das prägt die Köpfe und das Alltagsverhalten.

Die meisten Lehrer und Lehrerinnen haben keine Ahnung, was ihre SchülerInnen sich so alles „reinziehen".

Sie leben häufig nach wie vor in einer etwas verklärten „Kopfrealität", während SchülerInnen, gerade ab der Pubertät sich in ganz anderen Welten bewegen.

Lehrkräfte sprechen Schüler und Schülerinnen so bei Konflikten zumeist auf einer abgehobenen Vernunft- und Einsichtsebene an, wo es eigentlich um die Klärung von Revier, Sicherheit und Macht geht.

Dass das nicht funktioniert liegt auf der Hand.

6.2. Auch SchülerInnen spiegeln

Lernen in einer Gruppe setzt Gruppenfähigkeit voraus

Viele SchülerInnen haben nicht das sprachliche und soziale Entwicklungsniveau, das sie bräuchten, um sich in einer gegebenen Schulgruppe produktiv zu bewegen, um deren soziale Gegebenheiten konstruktiv handzuhaben und zu verstehen, welches Potential ihre Gruppe als funktionierendes Gebilde hätte. Sie haben so kaum Antrieb, sich aktiv einzubringen und sich zugunsten der Gesamtheit angemessen zurückzunehmen.

Lässt die Gruppenfähigkeit einzelner SchülerInnen einer Klasse zu wünschen übrig, muss die Lehrkraft die Gruppe erst einmal vernünftig aufbauen, bevor sie störungsfrei Stoff vermitteln kann. Das braucht Zeit. Denn es geht in jeder Gruppe um Beziehung und Bindung, um Zurücknahme der eigenen Person zugunsten einer Gemeinschaft. Das muss von jungen Menschen verstanden werden. Schule muss erfahrbar vermitteln, dass sich das auch lohnt. So etwas klappt nicht hopplahopp per Anweisung, wie viele Bildungsplaner meinen.

Beziehung hat mit Wertschätzung zu tun, und wird von dem geprägt, der die meiste Macht hat. Also von den Leitungen und Vorgesetzten der Schulen. Diese sind maßgebend für den Umgangston, für die Art wie man miteinander spricht, wie man Konflikte löst und wie achtungsvoll man miteinander umgeht.

An vielen öffentlichen Bildungsinstitutionen gibt es jedoch keine tragende Gesprächs- und Konfliktkultur, keine achtungsvolle bindungsgeprägte Haltung.

Jede Lehrkraft muss selbst, oft in jeder Stunde auf das Neue, für ihre Regeln kämpfen. Denn der Fachkollege vorher hatte andere Regeln. Und die Eltern hatten oft gar keine.

In den meisten Klassen sitzen SchülerInnen mit auffälligen Verhaltensproblemen. Jungen und Mädchen, die in ihrer sozialen Entwicklung auf Vorschulniveau hängengeblieben sind. Die mental und emotional viele Gruppenvorgänge kaum erfassen und die eine Gruppe nur als Bedrohung, Kampf- oder Selbstdarstellungszone erleben. Die nicht fähig sind, den anderen, den Stillen und den Sonderbaren, als gleichwertig zu achten, ihm den nötigen Raum zuzugestehen, ihn ruhig anzuhören und ausreden zu lassen.

Lehrkräfte, oft hilflos in schwierigen Situationen behelfen sich mit straffem Führungstil, mit engen unterrichtlichen Vorgaben und dementsprechender Sprache. Sie verschließen so den Raum zum echten Dialog, wie er unter Lernenden, und Wissenssuchenden eigentlich stattfinden müsste. Der Unterricht besteht dann aus Stoffunterweisung und Frage - Antwort Struktur. Abgehalten in einem unharmonischen Ton, der alles andere als beziehungs- und lernfördernd ist.

Die vielen normalen lernwilligen SchülerInnen müssen so häufig einen Großteil ihres Unterrichts eine strenge Rede über sich ergehen lassen, die der Verhaltensregelung einiger Störkandidaten, anstatt einem offenen und freundlichen Lernklima dient.

6.3. Grenzübertritte, Rollenkonflikte und ein dicker Schutzpanzer

Viele Lehrkräfte tendieren berufsmäßig dazu, die Befindlichkeit der anderen über die eigene zu stellen.

Die ersten leisen Anzeichen einer Gefahr für die persönlichen Grenzen werden vielfach berufsmäßig ignoriert.

Die Rolle des Pädagogen impliziert ja das Ideal des professionell Verständigen.

Indem man aber körperliche Aggressionssignale aktiv übergeht, blockt man sich selbst mit einer Art energetischen Lähmung, einer biologischen Starre, welche die natürlichen Flucht und Kampfimpulse unterdrückt.

Man darf seine Wut ja nicht verraten. Wohin auch mit dieser Kraft im Unterricht.

Mimik, Gestik und Stimme zeigen aber die Anzeichen von Ärger, Wut und Anspannung. Die versteifte Körpersprache offenbart die innere Wahrheit. Der unmittelbaren und blitzschnellen archaischen Stressreaktion kann sich niemand entziehen. Mit Übung und bis zu einem gewissen Grad kann man sich beherrschen, im Körper bleibt die Energie trotzdem. Denn sie wird im Muskel- und Nervensystem gespeichert.

Geschieht das öfter, bekommt der Körper der betroffenen Lehrkräfte zunehmend einen muskulären Panzer, der nach erlösender Entladung lechzt.

Ist das über längere Zeit nicht möglich, wie an vielen normalen Unterrichtstagen, kommt es zur fortschreitender

Implosion. Man sinkt in sich zusammen, wird zunehmend antriebsloser und nimmt einfach alles hin.

Die beschwingte, entspannte Bindungsperson „LehrerIn", die so wichtig für gelungene Lernprozesse wäre, ist deshalb Mangelware an unseren Schulen.

Der Stresspegel von Lehrkräften ist nachgewiesenermaßen mit dem eines Fluglotsen vergleichbar. Fluglotsen haben aber alle zwei Stunden eine Pause von einer halben Stunde. Auf deren Einhaltung wird penibel geachtet.

Die Ruhebedürfnisse von Lehrkräften hingegen werden von ihren Arbeitgebern vielfach übergangen.

In den Ebenen der verantwortlichen Behörden ist noch nicht angekommen, wie die körperlich-geistige Gesundheit und Leistungsfähigkeit ihrer Mitarbeiter zu erhalten ist.

Pausen werden an Schulen vielfach dazu benutzt, um unterrichtliche und verwaltungstechnische Dinge zu erledigen. LehrerInnen lassen das in der Regel über sich ergehen. Auch die Verpflichtung zur Aufsicht in der Pause ohne Ruheausgleich.

Jede Lehrkraft muss mehrmals in der Woche in ihrer Pause Aufsicht machen. Aufsicht über eine lärmende Horde von SchülerInnen, die häufig platzen vor unterdrücktem Bewegungsdrang. Aufsicht ist Stress pur und heißt Alarm für die unteren Regelkreise, bedeutet Adrenalin und Cortisol.

Sehen wir uns das bei Herrn G. mal in der Praxis an:

Herr G. hat also Pause und an diesem Tag Aufsicht. Schnell holt er sein Brot aus der Tasche und eilt in den Schulhof. Schon ist er mitten im Trubel. Einige machen Ärger.

„Heike stellt mit Michi ein Bein, Max boxt mit Jürgen, und

Paul zeigt einer Gruppe älterer Mitschüler ein verbotenes Video... und und und... .
Gleichzeitig und in Sekundenschnelle muss der Lehrer schlichten und für Ordnung sorgen. Pauls Video wird ihn insgeheim länger beschäftigen. Angewidert legt sich Herr G. mit der Gruppe an und beschlagnahmt Peters Handy.
„F....dich", hört er hinter sich, als er weggeht.

„Ich müsste unbedingt mit den Eltern von Peter ein Gespräch führen denkt sich Herr G.. „Auch der Schulleiter und der Schulpsychologe müssten dabei sein. Aber wann? Der Schulleiter ist auf Fortbildung. Ich schaff das nicht mehr mit dem Schüler. Der Schulpsychologe kann mir ja auch nicht helfen. Er hat nie schnelle Termine und ist immer selbst unter Druck."

Endlich. Die Pause ist aus. Schnell einen Kaffee geschlürft (in späteren Jahren wird es Tee sein), geht es hastigen Schrittes ins Klassenzimmer zurück, denn Herr G. ist schon wieder drei Minuten zu spät.
Erst nach zwei weiteren Stunden kann sich Herr G. zur Entspannung für einige Minuten ins Lehrerzimmer setzen. Falls er da nicht schon wieder Aufsicht machen muss oder dienstliche Anweisungen bekommt.

6.4. Verletzte Lehrkräfte - verletzte SchülerInnen

Betrachtet man das Revier von Lehrkräften, werden tagtäglich im Lehrerzimmer, im Schulhof, sowie im Klassenzimmer Grenzen verletzt. Dies geschieht außerdem durch die drängenden, oft überzogenen Ansprüche von Seiten der Eltern und (Schul)behörden.
Zudem entstehen Revierkonflikte durch sich überschneidende und gegenseitig ausschließende Rollen.
So kann die Identität eines stoffpushenden Beurteilers nicht identisch sein mit der eines einfühlsamen Lerncoaches. Denn „einfühlsam sein" heißt, persönliche Grenzen zu öffnen, andere an sich heranzulassen und Menschen differenziert wahrzunehmen. Wenn ich aber einfühlsam und offen bin, bin ich auch verletzbar.
Auf Dauer im derzeitigen rauen Schulalltag zu verletzbar für die Angriffe nicht gruppenfähiger SchülerInnen und unfähiger Behörden mit veraltetem Methoden- und Stoffvermittlungszwang. Zu verletzbar für Eltern, die ihre Kinder nicht wahrnehmen, sie vernachlässigen oder leistungsgetrieben unter Erfolgszwang setzen.

Wenn man sich als LehrerIn aber konsequent gut abgrenzt, wird man auch eine pädagogische Distanz und emotionale Standfestigkeit an den Tag legen.
Dann ist es einem egal, was Schulbehörden, renitente Schüler, linientreue Kollegen und fordernde Eltern von einem denken. Dann macht man sein Ding und ist der Held wie im Film „Fack ju Göhte". Wird aber im Gegensatz zu

diesem nicht allzu lange im Schulgeschäft sein.

Nüchtern betrachtet, ist ganz normaler Unterricht nicht gerade ein Jungbrunnen für die Psyche. Sondern in vielen Fällen eher frustrierend, abwertend und neurotisierend.
Lehrkräfte haben ja keine echten Machtmittel um ihr Revier zu verteidigen. Wenn SchülerInnen ausfällig und verletzend werden, passiert in vielen Fällen nichts. Wenn Eltern oder Schulbehörden ungerecht gegen Lehrkräfte vorgehen, auch nicht.
Viele Lehrerinnen und Lehrer sind so Meister in der Unterdrückung von Kränkungen, denn Probleme aller Art lastet man vielfach ihnen an. Sie sollten ja laut Berufsrolle mit allen und allem zurechtkommen.

Auch mit Stoffüberfluss und zweitklassiger Schulung.
So macht man sich vielerorts gar nicht mehr die Mühe, Lehrerfortbildungen durch Wissenschafts- und Erziehungsexperten abzuhalten.
Das, was Lehrkräften weitergeben wird, kommt vielfach aus zweiter und dritter Hand durch Multiplikatoren.
Man erreicht so, dass keiner mehr Rede und Antwort stehen muss.
Wissen gibt es also kaum mehr vom Fachmann. Sondern vom Kollegen, der auf einer Fortbildung war. Oder vom Kollegen des Kollegen.
Das ist etwa so, wie wenn der Chirurg sich sein Fachwissen über Darmoperationen vom Kumpel aus der Nachbarstadt besorgen würde.
Abgewertet werden Lehrer und Lehrerinnen aber nicht nur auf diese Weise, sondern auch von Medienschelte und Politik. Letztere schiebt Schulen nicht selten in die finan-

zielle Warteschleife.
Eine solche Behandlung vernichtet das gesunde Lebensgefühl, die Aufrichtigkeit und das Selbstvertrauen. Sie erzeugt unterwürfige PflichterfüllerInnen, passive Wider-
ständlerInnen oder zynische PerfektionistInnen.

Um trotzdem im Alltag funktionieren zu können, lernen
Lehrer und Lehrerinnen Gefühle der Herabsetzung und
Kränkung irgendwann zu ignorieren, sie werden innerlich
taub und spüren sich nicht mehr.
Sich diese Gefühle von Versagen und Ohnmacht einzu-
gestehen, wagen die wenigsten. Selbstkritik ist keine
Qualität eines perfektionsorientierten Leistungsgetriebes.
So werden viele Lehrkräfte im Laufe ihres Berufslebens
nicht nur Perfektionisten als solche, sondern auch perfekt
im Abspalten ihres Körpers und ihrer Gefühle.
Nach außen hin wird so, mit zunehmendem Muskelpanzer,
häufig jahrelang weiter funktioniert. Denn berufliche Alter-
nativen gibt es nicht.
Doch irgendwann schaltet auch beim Härtesten einmal das
Motivationssystem ab. Die innere Kündigung, der Dienst
nach Vorschrift beginnt.

Der Körper einer Lehrkraft ist eben kein fehlerloser
Pädagogenroboter, der ständig die Quadratur des Kreises zu
vollziehen vermag.

*Neueste Studien zeigen, dass nur etwas mehr als ein Drittel
aller praktizierenden LehrerInnen ein wirklich positives
Lebensgefühl haben.*

Das heißt umgekehrt leider, dass den meisten aller Schülerinnen und Schüler, die meiste Zeit, ein angespanntes, irgendwie unzufriedenes Spiegelbild zum Lernen gegenübersteht.

Hier Wege herauszufinden ist einer der Hauptansatzpunkte, um Schule positiv zu verändern..

6.5. Bindung Lehrende – Lernende

Die Rolle der Bindung bei angeleiteten Lernprozessen

Wie zwischen Eltern und Kindern, sind auch spätere Bindungsmuster zwischen Lehrenden und Lernenden wirksam. Diese Beziehung funktioniert je nachdem, wie beide ihre ersten Bindungen erfahren haben, wie beide momentan im Leben stehen, und wie bewusst die Lehrkraft reflektiert.

Eine stabile vertrauensvolle Beziehung zwischen beiden, eine sichere Bindung, ist natürlich für das Anzapfen des Großhirns, für Lern- und Gedächtnisprozesse das Sinnvollste.

In einer sicheren „Lern-Bindung" ist die lehrende Person ein starker, emotional beruhigter Hafen, von dem aus die lernende Person ihre Explorationen starten kann.

Eine gute Bindungsperson (Mutter, Vater, Freund, Coach, Lehrer, Lehrerin) ist Anreiz, sich die Welt zu erobern, zu forschen, Neues auszuprobieren, sich zu entfalten. An ihrer Vorbildfunktion kann sich eine junge Persönlichkeit ausrichten. Sie kann sich mit dieser Person reiben und ohne Angst auseinandersetzen. An ihr sieht sie mögliche Varianten an Verhalten, die sie sich abschauen kann und auch abschauen mag.

Da Lehrende ihre eigene Bindungshaltung mit ihren Eltern in die Beziehung zum oder zur Lernenden einbringen, sollten sie selbst eine sichere Bindung erfahren haben. Sie sollten im Laufe ihres Lebens durch Coaching, durch systemische und psychologische Begleitung ein hohes Maß an selbst-reflexiver Fähigkeit erworben haben.

Bindungsgebende Lehrkräfte kann man an einer in sich ruhenden, selbstsicher - weisen Haltung erkennen. Solche Personen können einen feinfühligen warmherzigen Umgang mit anderen pflegen, sich aber auch gut abgrenzen. Eine gute Lehrer–Schüler Bindung sieht man an einem entspannten körpersprachlichen Umgang, an einem offenen, interessierten Blick aller Beteiligten. Man sieht, dass SchülerInnen der Lehrkraft am Herzen liegen und die-se gerne um Rat und Hilfe fragen.

Nicht selten ist die Schüler-Lehrer Bindung gestört.
Psychologen sprechen von drei verschiedenen Störungs-bildern, ja nachdem wie die Beteiligten miteinander um-gehen.

Man redet von einer vermeidenden Bindung, wenn die Beziehung der beiden distanziert ist, die Lehrkraft eher Angst macht, Hilfesuchende zurückweist, wenn Schüler und Schülerinnen nicht gerne um Hilfe fragen.

Es gibt auch ambivalente, also unklare und zweideutige Lehrer-Schüler-Bindungen.

Das heißt, die SchülerInnen wissen nicht genau woran sie sind und ob die Lehrkraft bei Bedarf wirklich aufrichtig und verfügbar ist.

Die ambivalente Bindung ist deshalb überaktiviert. Schüler haben dann oft den Drang ständig um Hilfe zu bitten, und spüren aber gleichzeitig auch einen unbewussten ver-borgenen Widerstand. Das Lernthema rückt so in den Hintergrund, die Unsicherheit und innerlich gefühlte

Widersprüchlichkeit des oder der Lernenden in den Vordergrund.

Bei SchülerInnen erzeugt Zweideutigkeit nicht selten auch Aggression.

Ihren Wunsch nach Nähe bringen ambivalent gebundene SchülerInnen dann vorzugsweise durch ein aggressives Beziehungs- und Kontaktverhalten zum Ausdruck.

Aber Ursache der Aggression kann auch das durch körperliche oder sprachliche Gewalt geprägte Klima in ihren Familien sein. Wie sie es von Zuhause kennen, stellen sie dann Kontakte zu MitschülerInnen und Lehrkräften durch aggressive Handlungen her und fallen dann oft unter den Begriff „Störenfried".

Allerdings gibt es das aggressive Bindungsverhalten nicht selten auch bei Lehrkräften, die mehrere Jahre in der Schule dienten und viel von aggressiven SchülerInnen einstecken mussten. Durch langjährige Spiegelprozesse mit Kränkung, Revierverletzung und Aggression wird auch die Lehrperson zwangsläufig kampfbereiter im sozialen Umgang.

Außer sie denkt über ihr Verhalten nach und sorgt für die entsprechende Spannungsabfuhr.

Selbstreflexion, Rückmeldung, Entspannung und Übung in gewaltfreier Kommunikation sind für Lehrpersonen enorm wichtig.

Ebenso bedeutsam für die persönliche Gesundheit ist aber die Rückendeckung durch Vorgesetzte, Schulbehörden und Eltern. Misstrauen spiegelt sich in der Person „Lehrer" ebenso, wie Vertrauen und Zuversicht.

Trotz aller Hilfen für Lehrkräfte muss es aber für SchülerInnen die Möglichkeit geben, sich von aggressiven, sarkastischen und perfektionistischen LehrerInnen lösen zu können. Jahrelang als SchülerIn zu einer unseligen

Beziehung mit einer Lehrkraft verdonnert zu werden muss endlich „Schnee von gestern" sein.

Unter den Lehrer-Schüler Beziehungen gibt es noch eine weitere Bindungskategorie. Die der unberechenbaren, sogenannten „desorganisierten Bindungen". Vor allem bei SchülerInnen, deren Kindheitserlebnisse von Schmerz, Trennungen und Verlusten geprägt sind ist diese Bindungsstörung zu finden.

Die Bindungsperson Lehrer, Lehrerin ist dann gleichzeitig die Quelle von Trost und Angst. Infolge dessen ist beim Schüler das Bindungs- und das Abwehrsystem gleichzeitig aktiviert.

Es gibt dann von Seiten des Lernenden einen ständigen Wechsel zwischen Nähesuchen und Abbruch der Beziehung.

Oft ist das Verhalten von solchermaßen geprägten SchülerInnen für die Lehrkraft nicht vorhersehbar. Dazu gehören krankhafte Züge wie Störungen des Bewusstseinszustandes, die Neigung zu Gewaltausbrüchen und promiskuitivem Verhalten.

Auch eine stabile, freundliche und empathische Lehrkraft ist mit solchen SchülerInnen auf Dauer überfordert.

Sinnvoll wäre es, die Klasse und auch die Lehrkraft vor der Dominanz solcherart sozial auffälliger SchülerInnen zu schützen, da diese absichtlich ein ungutes Klassenklima provozieren können und das Lernen aller dann auf der Strecke bleibt. Gesunde Abgrenzung und Wissen um Erziehungs- und Persönlichkeitsstörungen ist in diesem Fall gefragt.

Denn während beim aggressiven Bindungstypus ein verlässliches Bindungsangebot durch die Lehrkraft eine Beruhigung bringt, ist bei SchülerInnen mit desorganisierten Bindungsstörungen Therapie angesagt.

7. Knowledge of Psychology
Mornings for Democracy

Wie kommen wir in unseren Schulen aus der Optimierungs-Ideologie, aus der Perfektionismus- und Vergleichsfalle heraus?

Wir brauchen eine neues Verständnis kognitiver Prozesse, ein Bewusstsein für Bindung, für das Zarte, Verletzliche, Tiefgründige. Wir brauchen eine neue Wertschätzung für Unterschiedlichkeit und „Fehler". Wir benötigen eine neue Bewertungskultur, in der der Wert des Fehlers als Variation und Chance geschätzt und die belastete optimierungsgetriebene Gruppenvergleichbarkeit weitgehend durch individuelle Leistungsbewertung ersetzt wird.

Wir brauchen Lehrkräfte, die Wesentliches von Unwichtigem unterscheiden können. Die fähig sind, Dinge ganzheitlich zu erfassen und über starre Muster hinauszudenken.

Wir brauchen reife Personen, die psychologisches Wissen über manipulative mediale Prozesse besitzen und weitergeben. Lehrkräfte, die sich nicht narzisstisch über Verbesserungsvorschläge hierarchisch Nachgeordneter hinwegsetzen, die um die geistige Vernebelungsgefahr langjähriger Positionen wissen.

Wir brauchen neue Unterrichtsmodelle, in denen ältere SchülerInnen, die in einer Sache weiter sind, die jüngeren lehren. Dieses Pairing birgt unglaubliche Ressourcen und hat zu allen Zeiten funktioniert. Immer schon haben sich Jüngere die Dinge von den Älteren abgeschaut. Hier gibt es

Lernen ohne perfektionistische Ansprüche und pädagogische Genormtheit.

Wir brauchen eine Systemänderung hin zu gelebter Demokratie an unseren Schulen. Dies durch eine achtsame demokratische, psychologisch geschulte Grundhaltung *aller* Beteiligten. Wir haben gesehen, dass ein funktionierendes Gehirn mehr als alles andere Sicherheit und Angeommensein benötigt.

Wer die Mitschülerin und den Mitschüler in ihrer und seiner Wesenseigenheit grundsätzlich achtet, wer versteht, dass unterschiedliche Meinungen letztlich zu einem lohnenderen Ganzen führen als das vergleichende Konkurrenzverhalten, wer mit dem Konkurrenten spricht, anstatt nur versucht ihn zu übertreffen und auszuschalten ist im sicheren sozialen Modus und damit im Großhirnmodus.

Demokratie ist die Basis für gutes Lernen und Wohlbefinden an unseren Schulen.

Demokratie und Gruppenfähigkeit muss von manchen erst eingeübt, von allen aber trainiert werden. Eine demokratische Grundhaltung erfordert das Wissen um sich selbst in schwierigen Situationen, Konfliktfähigkeit wenn man gereizt oder unter Druck ist, Schlagfertigkeit, wenn man bedrängt wird.

Sie erfordert Menschenkenntnis, Einfühlungsvermögen sowie sprachliche Kompetenz. Um argumentieren zu können muss man den entsprechenden Wortschatz kennen und das Grundmuster komplexer Sätze beherrschen.

Hierfür braucht man wiederum starke, wohlwollende und kompetente Lehrkräfte als Spiegelmodelle und eine Lerngruppe, in der man sich ausprobieren kann, in der man sich

aufgehoben und gesehen fühlt.
Dazu gibt es viele Möglichkeiten, sie müssen nur zeitlich einen festen Rahmen bekommen und aktiv umgesetzt werden.

„Mornings for Democracy, Structures for Humanity" wäre die Losung für fest eingebaute Zeitstrukturen am Morgen und während des Tages, die nur dem Menschsein dienen.
Gemeinschafts- und Gesprächsrituale haben da ihren Platz, sowie
- Auszeiten mit Tanz, Musik und Kunst, die den Tagesablauf einer Schule gliedern und Wohlbefinden zum Ziel haben,
- Achtsamkeitsübungen und Zeiten des Nichtstuns, die fest im Unterrichtsplan stehen,
- Lernerfahrungen in der freien Natur unter Einbezug des Körpers und aller Sinne,
- Erlebniseinheiten mit den Themen Lebensglück und Demokratie.
-Planspiele, die den Umgang mit Gefühlsextremen, Manipulation, Druck und Ausgrenzung thematisieren.

8. Lernkiller Mobbing
Ansehensverlust ist Schmerz

Evolutionsbiologen, Fachleute, die sich mit der Entwicklungsgeschichte der Menschheit befassen, sind mittlerweile der Meinung, dass der Ausbau der sozialen Intelligenz der größte Antrieb für die Entwicklung unseres leistungsfähigen menschlichen Gehirns gewesen ist.

Leider ignoriert unser Schulsystem nach wie vor weitgehend die Leistungen der emotionalen Gehirnbahnen. Es legt das Augenmerk fast ausschließlich auf rein kognitive Fähigkeiten, beachtet aber nicht die für die Flexibilität des Denkapparats so wichtigen Qualitäten der Gefühlssteuerung des Gehirns.

Auch in unseren klassischen IQ-Tests werden die eindeutig messbaren Basisfähigkeiten „Empathie, Synchronie und Fürsorglichkeit" noch immer nicht berücksichtigt.

Mit solch einer Prägung einher geht ein sich selbst pflegender, starrer, hierarchischer Machtapparat, dessen Ziele und Wertvorstellungen sich an lernpsychologisch überholten Normen orientieren, die nicht in Frage gestellt werden dürfen.

Die Folgen für SchülerInnen fast aller Schulen ist ein extremes Konkurrenz- und Anspruchsdenken, das vielfältige Schul- und Lebenssituationen von Ausgrenzung provoziert.

Der Schmerz der Zurückweisung und Ausgrenzung ist für den Menschen aber die schlimmste Form von Stress.

8.1. Was genau passiert, wenn unser Ansehen bedroht ist

Es gibt über 200 Untersuchungen von amerikanischen Wissenschaftlern zum Thema „Gewichtung von Stressfaktoren". Dabei setzte man Tausende von Menschen verschiedensten Stressfaktoren wie Lärm, unangenehme Menschen usw. aus. (Sally Dickerson u. Margaret Kemeney, Acute Stressors and Cortisol Responses : „A Theoretical Integration and Synthesis of Laboratory Research" Psychological Bulletin 130, 2004, S 355-391)
Die schlimmste Form von Stress war für alle, wenn man vor einer Gruppe kritisiert wird, wenn man das Gefühl hat, die anderen fällen ein Urteil über einen, ohne dass man sich dagegen wehren kann.

Wenn unser Ansehen in den Augen der anderen bedroht ist, wenn wir uns unerwünscht fühlen, führt das zu den höchsten Ausschüttungen von Stresshormonen, zu den höchsten Cortisolausschüttungen, die es gibt.
Ausgrenzung hinterlässt, wie man mittlerweile weiß, traumatische Spuren, die sich in unserem Gehirn und unserem Körper mit lebenslangen Folgen einmeißeln.
Ablehnung und Ausgrenzung erzeugen das vernichtende Gefühl der Scham. Sein Ansehen zu verlieren ist für den Menschen immer noch mit das Schlimmste überhaupt. Das vital bedrohliche Gefühl, das unser Innerstes durch mittlerweile messbare inflammatorische Zytokine zum Brennen bringt, hat für unsere Säugetiernatur ent-

wickungsgeschichtlich die Funktion, uns vor der Gefahr des Ausschlusses aus der für uns lebenswichtigen Gruppe zu warnen. „Pass auf, dass du die Regeln der Gruppe einhältst, ohne diese Gruppe bist du tot" ist die extrem dringende Botschaft des Körpers.

Dieses brennende, schmerzhafte Stressgefühl wegen Ablehnung und Ausgrenzung ist um so stärker, je hilfloser man sich fühlt. Ist dieser körperlich-seelische Zustand häufig, kann er einen dauerhaften Spannungszustand erzeugen, der das ganze Wesen ergreift.

Dieser verbirgt eine abgrundtiefe Existenzangst die mit einem veränderten Bewusstseinszustand verbunden ist und infolge derer die Großhirnfunktionen zusammenbrechen. Man hat einen Blackout, kann nicht mehr klar denken und möchte am liebsten „im Boden versinken".

Scham ist schlimmer als Angst vor Strafe. Man kann die Scham durch Ausgrenzung nicht so einfach loswerden wie ein anderes Gefühl. Schamstress entzieht einem den Boden unter den Füßen. Man fühlt sich insgesamt als minderwertige, fehlerhafte, abzulehnende Person.

Weil das Gefühl so unerträglich ist, hilft sich der Körper in der Situation durch einen unbewussten Sprung in erträglichere Verhaltensweisen wie Unterwürfigkeit, Selbstaufgabe, Erstarrung, oder bei chronischen Zuständen in Süchte aller Art.

Längerfristig kann es durchaus sein, dass man sich, um die verborgene Scham nicht spüren zu müssen, ein falsches überhöhtes Selbst zulegt, indem man mit den Starken und Gewinnern sympathisiert oder versucht, durch Erfolg und Leistung zu kompensieren. Oder auch, indem man durch Großsprecherei, scheinbare Unberührbarkeit und materielle Dinge wie neuestes Handy, Markenklamotten, dickes Auto seine Gefühle von Minderwertigkeit und Selbstzweifel versteckt. Oft hinter einer Fassade von Arroganz und Sarkasmus.

Um die eigene furchtbare Scham nicht spüren und aushalten zu müssen überträgt man sie gerne auch auf andere. Man verachtet, beschimpft und grenzt andere Menschen aus nichtigen Gründen unbarmherzig aus. Und zwingt somit andere, sich zu schämen.
Man ist lieber Täter, als unbedeutend, hilflos, klein und minderwertig.
Die Geschichte von Gewalttätern zeigt, dass Gewalt immer aus Schwäche kommt. Der innere Antrieb zu Gewalt liegt meist in einer tief empfundenen Scham und tiefem Beleidigtsein. Bei Einzelnen genauso wie bei Völkern, die ja oft unter historischen Demütigungen leiden. Diese führen über Generationen zu einem katastrophalen Verlust an Selbstwertgefühl und zum immer wiederkehrenden Versuch, diese Verletzungen durch Gegenaggressionen zu heilen.

8.2. Der Supergau für das Gehirn

Ansehensverlust in der sozialen Gruppe und Cybermobbing

Mit zunehmendem Alter ist für junge Menschen die Anerkennung in der eigenen Gruppe oder Clique immer wichtiger. Immer mehr gelten dann deren Regeln und Werte.
Eine gute Gruppe kann unterstützen, auffangen und tragen.
Eine schlechte Gruppe kann soziale Ausgrenzung, Ablehnung, Geläster, Spott und damit die Hölle bedeuten.
Je weniger Werte wie Empathie, gegenseitige Unterstützung, Fürsorge und gute Kommunikation in einer Gruppe anzutreffen sind, um so gefährdeter ist man darin.
Das Klassenzimmer als Ort, in dem das Erfolgsprinzip herrscht, in dem die Sehnsucht nach Anhäufung materieller Dinge in der Rangfolge persönlicher Wünschen bei vielen ganz weit oben steht, ist zunehmend ein Ausgrenzungsort erster Klasse. Man will zu den Gewinnern gehören und mobbt den anderen, wenn er im Weg steht.

Jede und Jeder kann sich zur Aggressionsabfuhr anbieten.
Abgelehnt, verlacht oder verspottet werden kann man wegen Behinderung, Religionszugehörigkeit, weil man Flüchtling ist, eine bestimmte sexuelle Orientierung hat, Aussiedler ist, Angehöriger einer Nationalität die gerade in der Gruppe in der Minderheit ist, wie Deutscher unter Türken, Türke unter Deutschen, Frau unter Männern und umgekehrt, Junge unter Mädchen, Mädchen unter Jungen,

weil man schlecht lesen kann, nicht gut gekleidet ist, manchmal etwas ungepflegt wirkt, gerne lernt, nicht lernen mag, nicht die angesagten Klamotten oder Mobiltelefone hat, weil die Eltern arbeitslos sind, einen ungewöhnlichen Lebensstil haben, weil man dick ist, dünn ist, sich schlecht ausdrücken kann, still und freundlich ist, unsportlich ist, hyperaktiv ist, gebildet ist, ungebildet ist...

Die Liste ließe sich beliebig erweitern. Wie einfach Menschen manipulierbar sind und sich aufeinander hetzen lassen, zeigen Dokumentationen, wie der Film von Jane Elliott zum Thema Rassismus, aber auch die derzeitige Coronasituation.

Ausgrenzung in der Schule geschieht vielfach willkürlich, einfach weil man zu einer bestimmten Zeit in einer falschen Gruppe ist, die eben gerade das nicht wertschätzt was man denkt, ist oder hat.

In den sozialen Netzwerken werden Konflikte in der Gruppe, mit der Klasse oder mit Freunden noch zusätzlich vor einem breiten Publikum ausgetragen, was für die Betroffenen extrem traumatisierend wirken kann. Bloßgestellt zu werden in der Öffentlichkeit bedeutet schlimmsten Stress und schlimmste Kränkung überhaupt.

Der Betroffene sieht sich massivst in seiner Sicherheit bedroht, er befindet sich dauerhaft in höchstem Alarmzustand und kann nicht mehr klar denken. Die Überlebensschaltkreise des Gehirns laufen permanent auf Hochtouren. Es kommt zu höchsten Cortisolausschüttungen, denen man nicht entweichen kann.

Allmählich entsteht aber ein Bewusstsein darüber, was Cybermobbing anrichten kann. Schule hat hier ein riesiges

Aufgabenfeld. Medienkompetenz heißt das Zauberwort. Hinsehen, Thematisieren und Aufarbeiten aktueller Konflikte ist hier angesagt.

Leider sind Ausgrenzung und Aggression so alltäglich im Schulleben, dass man als LehrerIn und SchülerIn vieles gar nicht mehr wahrnimmt, sondern abstumpft, weghört oder resigniert.

In Anbetracht der Tatsache, dass negative Worte auf subtile Weise wie schleichendes Gift wirken, ist es für alle Beteiligten ratsam, an einem normalen Unterrichtstag einmal wortwörtlich aufzuschreiben, was genau und wie miteinander gesprochen wird.

9. Demokratie braucht einen guten Umgangston

Das beste Mittel für einen gewaltfreien Umgang ist Oxytozin, das Bindungshormon.

Schon wenn man sich nur zwanzig Sekunden vorstellt, dass man jemanden umarmt wird es ausgeschüttet.

Oxytozingesteuert hat man die grundsätzliche Bereitschaft zu kooperieren und kommt nicht so schnell in den Reptilienmodus.

Fühlt man sich grundsätzlich, trotz eines auftretenden Konfliktes mit jemandem verbunden, gelingen die Kommunikationsprozesse auf einer sozial funktionierenden Ebene besser. Man fühlt sich auch in seinem Andersdenken angenommen, hört einander eher zu, kann andere Meinungen neutraler bewerten und ist nicht gleich auf der heißen ansehensgesteuerten Verteidigungsschiene.

Die Rückbesinnung auf die grundsätzlich positive Beziehung hilft, dass Unstimmigkeiten nicht so leicht eskalieren.

Das beste Mittel gegen Gefühle der Zurückweisung in einer Klasse ist deshalb die Erzeugung eines guten Klimas mit achtungsvoller Sprechkultur. Das ist der Weg von der Kampfgemeinschaft zur Solidargemeinschaft.

Schule hat den Auftrag, die hierfür entsprechenden Denk- und Ausdrucksweisen zu vermitteln. Sie muss lehren, wie genau man Respekt kommuniziert. Dafür brauchen

LehrerInnen, Schulbehörden und Eltern entsprechende Fortbildungen. Das Wissen über effektive friedensstiftende Kommunikation ist noch nicht sehr verbreitet.

Entscheidend für ein gutes kommunikatives Verhalten, ist es, so miteinander zu sprechen, dass jeder sein Gesicht wahren kann. So mit jemandem in Beziehung zu treten, dass man den anderen nicht sofort in sein Verteidigungsschema bringt, sondern emotional-soziale Koppelungen der Spiegelneuronen aufrechterhält.

Es ist für alle wichtig zu wissen, wie man Konflikten und Vorurteilen sprachlich und körpersprachlich begegnet, wie man „Opfer" schützt und begleitet. Wie man mit Menschen umgeht, die nicht gewillt sind kooperativ zu agieren. Wie man mit Unverschämten, Zwanghaften, Moralisten, Psychopathen, Narzissten spricht.

Mit Hilfe von Techniken kann man lernen, trotz emotional bedrohlicher Zündfunken, Situationen distanzierter wahrzunehmen, bei sich zu bleiben und sich gleichzeitig beim anderen Gehör zu verschaffen. Oder Konflikte so zu beenden, dass Kontakte nicht abgebrochen werden.

Solche Techniken und Qualitäten müssen fortlaufend im Schulalltag eingeübt, und in Schülerforen angewandt werden, Sie müssen einen festen Platz im Stundenablauf bekommen.

Sinnvoll ist es natürlich, auch Eltern und sonst an Schule Beteiligte einzubeziehen. Wenn der Schulamtsleiter, Kultusminister oder Stadtkämmerer einen abwertenden Ton an den Tag legt, ist das alles andere als vorbildhaft.

Letztlich ist es in jedem Konfliktfall äüßerst lohnend, wenn man die Fähigkeit besitzt, sich trotz Unstimmigkeiten in den anderen einzuschwingen.

Manchen Menschen gelingt das sehr schwer. Etwa solchen, denen in ihrem Leben schon so viel verbale oder körperliche Gewalt widerfahren ist, dass ihr Gehirn oft einen Tick zu früh in den Reptilienmodus geht.

Dazu gehören Soldaten, die im Kriegseinsatz waren, oder Menschen, die aus Kriegsgebieten kommen, dazu gehören auch Kinder und Jugendliche aus gewaltbereiten Familien, Menschen aus streng autoritären (Glaubens)Verhältnissen, und Menschen in stressigen Berufen, wozu momentan der Beruf einer Lehrkraft zählt.

Sie alle wittern ständig Gefahr und sind damit oft kaum mehr fähig, in einem normalen Umgangston zu sprechen.

Wenn man auch in Stresssituationen mit Hilfe von Spiegelprozessen ergründen kann, was im anderen vor sich geht, wenn man zumindest eine grundsätzliche Offenheit hat, sich auf den anderen einzulassen, ist der Ausstieg aus der Spirale von Rechthaben, Besserwissen, Niedermachen, Verachten, Verspotten und Beschimpfen möglich.

9. Lernkiller Stoppmuster

Lernen braucht Bewegung

„Bewegung ist *das* Triebmittel für gute Denkprozesse". Das haben wir bereits in den ersten Kapiteln erfahren. Durch Bewegung bekommt unser Gehirn den nötigen Sauerstoff, um Denkaufgaben zu lösen, neue Neuronen anzulegen und sie miteinander zu verknüpfen. Ist man sauerstoffmäßig gut versorgt, merkt man sich die Dinge besser. Der Körper empfindet eine angenehme Weite und man hat Lust auf neue Reize.

Zu Beginn der Einschulung sieht man diese natürliche Lernlust noch bei den Erstklässlern. Beobachtet man diese nach den ersten beiden Schuljahren, ist das Feuer in den Augen oft erloschen und der früher geschmeidige Körper wirkt nach einem Schulvormittag bereits erschreckend starr. Aus strahlenden, jungen, geschmeidigen Menschen sind nicht selten emotionsgestaute Marionetten geworden, die mit schrillen Stimmen aus dem Unterricht eilen und Stunden benötigen, um wieder zum Leben zu erwachen.
Was ist passiert?
Die Schule multipliziert ruckzuck die Zeit zum Stillsitzen um ein Vielfaches. Aus einer Kindergartenstunde Stillsitzen werden sechs. Kommen die Hausaufgaben dazu, ist man leicht bei acht bis neun.

Ein Unterrichtsvormittag läuft normalerweise so ab: Zwei Schulstunden, also neunzig Minuten Unterricht, zwanzig Minuten Pause, wieder neunzig Minuten Unterricht, zehn Minuten Pause, wieder neunzig Minuten Unterricht.
Pause heißt, hinaus auf den Schulhof, wo meist irgendwo herumgestanden wird.
Minutenpausen beim Stundenwechsel gehen von der Unterrichtszeit ab. Sie werden in den ersten beiden Klassen vielleicht noch mit kleinen Bewegungsspielen oder einem Lied gefüllt. Danach ist außer Lüften und Unterhaltung meist nicht mehr viel los mit Entspannung oder Bewegung im Klassenzimmer.

Pausen werden in Schulen gerne gekürzt, Minutenpausen oft übergangen, weil irgend etwas noch zu erledigen ist.
Eltern machen Lehrkräften mittlerweile gehörig Druck, wenn Stoff nicht behandelt wird, der ihrem Kind vielleicht später fehlen könnte. So wird häufig gerade in den kleineren Pausen ergänzt, was im Unterricht zu kurz gekommen ist. Diesen Aktionsdruck gibt die Lehrkraft als Spiegelmodell an die jungen Menschen weiter. So beginnt dann die neue Stunde...
Wer Glück hat darf nach dem Unterricht nach Hause. Sonst geht es oft ohne Pause weiter mit Stillsitzen in der Mittagsbetreuung und anschließend im Nachmittagsunterricht.
Bei GanztagsschülerInnen geht der Sitzzwang ins Uferlose. Oft auf ungeeigneten Sitzmöbeln und unter Einschränkung des persönlich angenehmen Abstands zum Nachbarn.
Die neunzig Minuten Sport in der Woche, in denen sich die Schüler nachweislich etwa nur fünfzehn Minuten bewegen, machen das Kraut auch nicht fett. Das ergibt nämlich durch-

schnittlich nur ein Bewegungsplus von drei Minuten pro Tag.

Der übliche Schulvormittag ist also, unter biologischen Gesichtspunkten, eine physische Einbetonierung junger Lernerinnen und Lernern in zu klein bemessenen Revieren. Dabei stehen diese noch unter ständiger Aufsicht und Androhung von Strafe, falls sie das Areal unaufgefordert verlassen. Es steht ihnen kein unbeaufsichtigter Freiraum, kein Kraft- oder Bewegungsraum zur Verfügung, wo sie ungehindert und unkontrolliert die aufgestaute Bewegungsenergie abführen könnten. Hierzu kommt die oft wenig angenehme Beschallung durch überstrapazierte Lehrerstimmen.

Es gibt kein Entkommen – außer durch Dissoziation, also geistiges Wegtreten.

9.1. Anatomie der Angst

Als Kinder im Vorschulalter sind wir fast immer wunderbar aufrecht. Ohne Ermahnungen sitzen und stehen wir gerade. Aber das hält nicht an, Die Tortur des jahrelangen Stillsitzens in meist unpassenden, meist zu niedrigen Schulmöbeln führt bei vielen zu einem körperlichen Spannungsmuster, das Fachleute als „Stoppmuster" bezeichnen. Dieses entspricht dem Körperschema der Angst und des passiven Selbstschutzes.

Beim Stoppmuster sind der vordere gerade Bauchmuskel, der Hüftbeuger, die Verdauungsorgane, die Brustmuskeln, die Adduktoren auf der Beininnenseite, die Nacken- und die Schultermuskeln zusammengezogen. Der Oberbauch ist eingezogen und verkürzt, auf den Unterbauch erfolgt Druck. Die Schultern sind nach vorne oben und der Kopf ist in den Nacken gezogen. Die Arme einwärts gedreht, die Handrücken nach vorne.

Dieses Stoppmuster ist ein Schutzmuster des Körpers, wenn Kampf oder Flucht nicht möglich sind. Es ist früh in der Evolution entstanden und im Reptilienhirn, dem automatischen Regelkreis des Gehirns verankert.

Durchfährt uns ein Schreck, tritt das Stoppmuster reflexartig auf. Wir halten die Luft an, unser Rumpf wird blitzartig nach vorne, Arme und Beine zum Körper hin und der Kopf in den Nacken gezogen. Man ist wie gelähmt und rührt sich nicht mehr.

Dieses Frühwarnsystem funktioniert automatisch bei der geringsten Gefahr für Leib und Leben. Aber auch bei lauten Geräuschen, bei Gefühlen von Demütigung und Scham, bei

Unterlegenheit, Verlassenheit, Missachtung und Betrug.
In der Stoppmusterhaltung kann man nur eingeschränkt atmen, ist mit nach vorne gebeugtem Oberkörper ängstlicher, mutloser und beklommener als in aufrechter Haltung.
Löst sich die Beklemmung, ist das so, wie wenn einem ein Stein vom Herzen fällt. Wer kennt das Gefühl nicht, wenn man nach stundenlangem Sitzen aus der Schule herauskommt und sich endlich frei bewegen kann. Wenn die Körpervorderseite wieder weit wird, wenn Bewegung in Bauch oder Brustkorb zurückkommt. Man fühlt sich wie erlöst, kann wieder positive Gefühle wie Freude, Mut, Liebe und Glück empfinden.

Manchmal allerdings wird das Stoppmuster im Körper eingefroren. Das ist der Fall bei dauerhaft schlechten Sitz- und Arbeitsbedingungen, bei ständig negativen Umständen wie Leistungsdruck, Ausgrenzung, Erniedrigung, bei körperlichen Traumata durch Unfälle, Verletzungen, Vergewaltigungen, aber auch bei Reizüberflutung mit stark negativen Sinneseindrücken.

Das Stoppmuster schreibt sich, wie schon erwähnt, auch durch das Dauersitzen in den Schulen als gewohnheitsmäßige Haltung im Körper fest.
Stundenlanges vornübergebeugtes Sitzen, auf meist nach hinten geneigten Sitzflächen, provoziert geradezu die Verkrampfung der Zwischenrippenmuskeln, des geraden Bauchmuskels und des Hüftbeugemuskels.
Der eingefallene Brustkorb, der nach innen verkrampfte Bauch, der starre Blick nach unten, die flache Atmung ist in unseren Schulen ein Massenphänomen.

Mit den Jahren können bei den Betroffen die dauer-kontrahierten Muskeln nicht mehr entspannt werden und die Handlungsbereitschaft lässt nach. Man hält sich zurück, macht sich klein, duckt sich und versteckt sich um nicht aufzufallen. Man leidet unter einem zunehmenden Gefühl der Antriebslosigkeit, Niedergeschlagenheit, Verlassenheit und Bedrücktheit.

Genau dieses passiert aber auch bei längerer Arbeit mit unphysiognomischen Bildschirmen, beim ständigen Herabbeugen des Kopfes zum Display. Fachleute sprechen hier vom Smartphone-Nacken. Hierbei wird der Kopf schief nach vorne gehalten, was eine starke Belastung für die Nackenpartie darstellt und nicht selten mit Schmerzen im Kopf- und Halsbereich endet.

Selbst das enge beidhändige Halten eines Smartphones oder Schreiben auf einer Tastatur fördern bereits das Stoppmuster. Das Schreiben deshalb, weil die Hände nach innen gedreht gehalten und an den Körper gelegt werden müssen. Je schmäler die Tastatur, desto mehr ist man in der Einschränkung.

Kommen mehrere dauerhafte Stoppmuster- Faktoren zusammen, fühlt man sich zunehmend depressiv und weiß oft gar nicht warum die Lust am Leben, die Neugier auf die Welt, der Drang echte Kontakte zu suchen und das eigene Leben in die Hand zu nehmen, abnehmen. Warum es immer schwieriger wird positive Gefühle zu empfinden.

Fachleute warnen vor geistiger Überflutung durch die Medien, aber sie vergessen auf die negativen körperlichen Umstände der Medienbedienung hinzuweisen.

9.2. Der richtige Blick auf's Display

Im Zeitalter der Digitalen Medien, des Distanzunterrichts und der zunehmenden Digitalisierung an Schulen verbringen wir noch mehr Zeit am Bildschirm, ob am Computer oder am Smartphone.

Das bedeutet, dass wir lange Zeit mit relativ starren Augen blicken. Die Starre der Augen signalisiert dem Hirnstamm leider, dass etwas im Busch ist, obwohl das faktisch meist gar nicht stimmt. Das lässt natürlich trotzdem die Körperspannung steigen.

Schaut man viel mit unbewegten Augen, schränkt sich unser Sehfeld ein und die Reaktionsgeschwindigkeit lässt nach. Je länger wir auf etwas starren, desto unbeweglicher werden die Augen.

Es sehen aber nur bewegte Augen gut, da die kleinen Augenmuskeln im Inneren der Augen beim starren Blick nicht aktiviert werden. Die Akkomodation, die feine Anpasung und Einstellung der Augen, gelingt mit der Zeit dann immer weniger, wir brauchen schließlich eine Sehhilfe.

Beim starren Blick werden zudem Hals und Nacken steif gehalten. Der Kopf wird also nicht mehr so gut durchblutet, die Denkfähigkeit lässt durch Sauerstoffarmut nach.

Studien, z.B. v. Riskind und Gotay wiesen nach, dass sich eine gekrümmte Sitzhaltung schon nach acht Minuten auf die persönliche Stimmung und das Selbstwertgefühl auswirkt.

Sie verringert das Durchhaltevermögen, macht zuerst passiv aggressiv, später mutlos, resigniert und unterwürfig.

Lange auf ein Display zu schauen ist für unsere Augen sehr anstrengend, denn sie werden nicht nur starr, sondern auch durch die ständige Lichteinstrahlung gereizt.

Besonders am PC ist das blaue Licht hoch konzentriert und schädigt so die Augen. Ursächlich dafür sind die hochenergetischen Partikel darin. Gefährdet sind hierbei natürlich besonders Menschen, die gerne mal einige Stunden durchzocken.

Wer vor dem Schlafengehen noch einmal mit dem Tablet oder dem Smartphone im Internet surft, der ruft seinen Körper durch das blaue Licht dazu auf, wach zu bleiben. Legen wir die Endgeräte dann zur Seite, fällt es uns schwerer, einzuschlafen und Ruhe zu finden.

Auch der Hormonspiegel des Melatonins wird durcheinandergebracht, wenn wir täglich mehrere Stunden am PC verbringen. Unser Körper weiß einfach gar nicht mehr wann es Zeit ist zu ruhen, und wann er aufstehen soll.

Deshalb ist es wichtig, vor dem Schlafengehen das Smartphone oder Tablet bereits ein bis zwei Stunden vorher zur Seite zu legen, um den Körper zu entspannen und auf die Schlafphase vorzubereiten. Am besten ist das Lesen eines guten Buches oder einfach entspannen ohne Technik.

Während der Arbeit am PC empfiehlt es sich Auszeiten zu nehmen. Wer sich öfter eine Pause gönnt, der kann die Gefahren für die Augen und die übrige Körpergesundheit minimieren. Es ist ratsam, alle 20 bis 30 Minuten eine kleine Pause einzulegen, um den Augen Zeit zu geben, sich zu entspannen.

Die Asiaten haben das schon lange erkannt. Sie unterbrechen Schreibtischarbeit mit stündlichen Bewegungspausen. China reduziert das Zocken auf ein Minimum.

Durch die optimale Ausleuchtung des Arbeitsplatzes kann man das Blaulicht weniger schädlich für die Augen machen. Es ist hilfreich, eine helle Umgebung zu schaffen und beispielsweise das Display vor oder seitlich neben dem Fenster zu platzieren.

Natürlich ist auch der Abstand zum Display besonders wichtig. Die optimale Leseentfernung beträgt ca. 60-80 Zentimeter, wobei es auf die Größe des Displays ankommt und ob man eine Vorerkrankung hat.

Mit kleinen Handgriffen, wie Anpassung der Schriftgröße, Helligkeitseinstellung und Anpassung der Schriftart kann man die Augen deutlich entlasten.

Mittlerweile haben die neuen Betriebssysteme die Möglichkeit, Blaufilter zu nutzen. Oder man kann beim Optiker nach einer entsprechenden Sehhilfe fragen.

Empfehlenswert ist es auch, automatische Funktionen auf dem Smartphone zu nutzen, um beispielsweise nach 20 Uhr keine Nachrichten mehr zu bekommen, damit der Körper ausruhen und tatsächlich entspannen kann.

9.3. Raumgreifende Bewegungen und (Tanz)pausen

Viele Lehrkräfte ärgern sich, dass ihre SchülerInnen im Unterricht nicht besser aufpassen. Sie hampeln sich vorne an der Tafel ab und reiben sich auf. Besser wäre sich klarzumachen dass, wenn das Schülergehirn sauertoffmäßig unterversorgt ist, keine noch so ausgeklügelte Didaktik hilft, sondern nur eine intelligente Atem- und Bewegungspause, die den Körper aus der Starre und den Sauerstoff wieder ins Gehirn zurück bringt.

Die Einlagerung von Lerninformationen benötigt eben eine bestimmte Zeit für die elektrische und chemische Konsolidierung. Folgen Lerninhalte zu schnell aufeinander, stören sich die elektrischen Schleifen und die Lerninhalte werden gelöscht. Die chemische Abspeicherung ins Langzeitgedächtnis kann dann nicht eingeleitet werden.

Sinnvoll wären kleine Denkpausen nach zwanzig Minuten, und längere Bewegungspausen nach jeder Stunde.

Bewegungspausen bringen Leben und Gleichgewicht ins psychophysische System. Dehnen, Atmen, Singen und Tanzen, Auspowern mit Gewichten und große Freiräume für die Entladung angestauter Emotionen wären so notwendig in der Starre des Schulalltags.

Tanzpausen sind Königsweg. Tanzen macht Spaß, sorgt, für die lernpassende Herzschlagrate, für Sauerstoffzufuhr, für

Stressabfuhr und für einen Modus sozialer Zuwendung. Wissenschaftlich ausgedrückt bringt Tanzen Hirnstamm und limbisches System ins Gleichgewicht, sodass das Großhirn optimal andocken kann.

10. Gestaltung und Kontrolle der digitalen Welt

Digitale Kompetenz heißt nicht, für jede Schülerin und für jeden Schüler ein laptop bereitzustellen, wie viele meinen. Für unsere Kinder wesentlich ist der gehirn-, augen- und körpergerechte Umgang mit digitalen Medien.
Neben der Frage der Anwendung geht es bei der Digitalisierung an Schulen, sowie auch in unserem Land, jedoch um Aspekte der Programmierung, Gestaltung und Kontrolle digitaler Prozesse. Für eine selbstbestimmte Zukunft reicht es nicht, nur Anwender oder Anwenderin zu sein, es geht darum, digitale Prozesse zu gestalten, sie nachvollziehbar und kontrollierbar zu machen. Die Coronamisere hat gezeigt, wie abhängig wir von amerikanischer Software sind, wie schwach unsere eigene Entwicklungs- und Kontrollkompetenz aufgestellt ist.
Junge Menschen müssen darin deutlich gefördert werden, damit sie zukünftig Chef im Hause Europa sind.

Das bedeutet, SchülerInnen brauchen künftig verstärkt die Fähigkeit zu komplexen und kreativen Denkprozessen. Vernetztes tiefes Kombinieren ist gefragt.
Natürlich brauchen junge Menschen auch Anwenderwissen. Wissen über Datenschutz, Verhalten in den Sozialen Netzwerken, Meinungsbildung und Softwareanwendungen. Das erspart aber nicht die Denkarbeit, Digitales selbst gestalten, produzieren und kontrollieren zu können.

Für die Planer von Lerninhalten gilt es daher, sich ehrlich die Frage zu beantworten, in welchen Bereichen das Netz tatsächlich zu mehr Bildung führt.

Viele „moderne" PädagogInnen vergessen, dass trotz des oft unkritischen Medienhypes in unseren Lerninstitutionen solide fachwissenschaftliche Arbeit mit Hintergrundliteratur notwendig ist. Für die Entwicklung neuronaler Grundlagen einer soliden Geistesarbeit und Hirntätigkeit ist das Hinzuziehen und Hinterlesen von Quellen, das Arbeiten mit realen Büchern und handschriftlichen Notizen wesentlich.

Studien zeigen: Computerarbeit schult die abstrakt formhafte Intelligenz, stellt schnell und auf breiter Basis Wissensfakten bereit, diese jedoch meist geschnürt in „Einzelpaketen". Sie ist aber eher von Nachteil, wenn es um mentale Stärke und tiefe Konzentration, um das tiefe Durchdenken von Dingen, um sprachliches Arbeiten, um mentale Experimente mit Vorstellungen, um das Beleuchten von Sachverhalten aus verschiedenen Blickwinkeln geht.

Mental dauerhafte Prozesse brauchen Ungestörtheit und eine gewisse Tiefe. Sie müssen zwischendurch in Ruhe gelassen werden. So funktioniert eben der elektro-chemische Aufbau neuronaler Netze. Computerflutung stört diese Prozesse. Aber nicht nur das. Unser Gehirn braucht beim Einbau von Fakten die Illusion der Notwendigkeit des Merkens.

Schon allein der Gedanke, dass man einen momentan zu lernenden Begriff jederzeit im Internet nachschauen kann, stört den neurologischen Einlagerungsprozess erheblich.

Ein weitere Problematik der Computerarbeit ist die schwierigere Verortung von Lernstoff. Für die Neubildung von Gedächtnisnervenzellen im Hippocampus und deren Verknüpfung mit dem Großhirn ist eine gute Verankerung mit ortsbezogenen Bildern von Vorteil. Das ist in einer realen Umwelt, in einem Buch, welches eine greifbares Vorne, Hinten, Oben, Unten und eine bestimmbare Mitte hat, besser gegeben als in der nicht greifbaren Tiefe des Internets.

Will man sein Gedächtnis stabilisieren, tut man also gut daran, mit realen Lern- und Wissensorten zu arbeiten.

Lerninstitutionen sind deshalb gut beraten, sich nicht unüberlegt vom Medienhype vereinnahmen zu lassen. Denn Verortungen durch reale Sinneserfahrungen bilden Gehirn und Gedächtnis, und diese können als solche eben schlecht in Form zweidimensionaler, nicht-haptischer Eindrücke gelernt werden.

Lerninstitutionen haben bisweilen die Last des „altmodischen Buhmanns" zu übernehmen, geht es um Lerntätigkeiten, welche die Gehirnleistung junger Menschen ausbauen.

So hat, das Auswendiglernen von Rechenoperationen wie Einmaleins, von Formeln, Wortschatz, Redewendungen und Gedichten für die Gehirn- und spätere Lebenskompetenz einen unschätzbaren Wert.

Lehrkräfte müssen ihren SchülerInnen zumuten, gut Eingeübtes zu präsentieren. Grundlagen wie das Einmaleins, wie Plus-,Minus-, Prozent- und Überschlagsrechnungen braucht man im Leben. Sind Lehrkräfte zu nachgiebig, oder legen sie zu wenig Wert auf den unmittelbar möglichen Abruf solcher Grundfertigkeiten aus dem Gedächtnis, haben Menschen ein Leben lang Probleme.

Keine verantwortungsbewusste Lehrkraft erzieht manipulierbare Personen, die ohne Computer völlig hilflos sind, sondern selbstbewusste, handlungsbereite junge Menschen, die in jeder Lage fähig sind, etwas schnell zu überschlagen und vorgelegte Zahlen kritisch zu reflektieren.

Keine verantwortungsvolle Lehrkraft verschweigt auch die Ökobilanz des digitalen Nachschlagens. Jede google-Suche produziert einige Gramm Kohlendioxid. Bei einigen Milliarden Suchanfragen kommt da eine ganze Menge klimaschädlicher Gase zusammen. Richtig krass wird die Ökobilanz beim Streamen.
Hier entstehen sowohl bei der Produktion, als auch bei der Speicherung in den Rechenzentren, beim Transport und beim Anschauen über ein Endgerät klimaschädliche Emissionen. Eine halbe Stunde Streamen entspricht in etwa einer 6,5 km langen Autofahrt.
Der Horrorthriller „Birdbox" sei „Save on energy" zufolge allein für 235 Millionen gefahrene Kilometer verantwortlich. Das entspricht 66.000 Tonnen CO^2.

11. Persönliche Lernvorlieben

Wir Menschen haben je nach Persönlichkeit, Geschlecht oder Alter Vorlieben für den Zugang zu einem Lernstoff. Weiß man um diese, kann man sie sich zu Nutze machen.

11.1. Handelnd lernen

Menschen, die gerne handelnd lernen, probieren lieber gleich etwas aus, bevor sie sich genaue Anweisungen anhören, worum es geht. Sie experimentieren oft selbständig und brauchen die eigene Erfahrung. Wird man mit dieser Lernvorliebe nicht genügend am unmittelbaren Lernprozess beteiligt, kann man dabei nicht etwas aktiv tun, ist man schnell gelangweilt.

Den handelnden Denk- und Lernstil findet man, wie in zahlreichen Untersuchungen festgestellt wurde, eher bei Jungen, aber auch bei Mädchen, die sich nicht so sehr an althergebrachte Rollenzuschreibungen halten.

Jungen und Mädchen, die gerne handeln, wollen die Welt auch durch ihr Handeln begreifen. Sie wollen immer und überall entdecken und forschen. Sie wollen keine LehrerInnen, die sie anleiten, sondern Coaches, die sie aktiv machen lassen und bei Fragen weiterhelfen.

Handelnde LernerInnen wollen sich aktiv einbringen und ohne große Erklärungen vor einem Experiment starten, sie

lieben Gruppenaktivitäten und Rollenspiele.
Bei handelnden LernerInnen ist Stehen und Gehen wichtig.
Sie können im Gehen besser denken. Sogar in Klöstern gibt
es Wandelgänge und man weiß, dass viele große Denker
Stehpulte bevorzugten.

11.2. Akustisch lernen

Wenn jemand es bevorzugt akustisch zu lernen, fällt es ihm am leichtesten, Informationen über das Gehör aufznehmen und zu behalten. Er kann mündlichen Erklärungen gut folgen, und schafft es, das Vorgetragene geistig zu überdenken und wiederzugeben.

Akustische LernerInnen lieben Rhythmen, sie mögen Auswendiglernen und sprechen gerne über den Lernstoff.

Rein akustische Lerntypen gibt es wenige, nur unter zehn Prozent. Trotzdem ist unser Schulsystem weitgehend auf diesen Lerntyp ausgerichtet. Das heißt, der meiste Lernstoff wird mit Worten erklärt. Die Lehrkraft spricht, die Klasse hört zu.

Meist geschieht das in komplexen Sätzen, die aus längeren Satzgefügen bestehen.

Sachlich gesehen, kann die Lehrkraft gar nicht anders als in Satzgefügen zu sprechen. Sachverhalte kann man nur in komplexen Sätzen und Satzkonstruktionen mitteilen und verstehen, da unsere Welt durch Verhältnisse gekennzeichnet ist.

Zum Beispiel erklärt die Lehrkraft: „ Wenn du die Zahl Zehn mit sich selbst multiplizierst, dann erhältst du Hundert, nämlich die Potenz aus Zehn..." Oder sie sagt : „Obwohl es erst März ist, haben wir schon frühlingshafte Temperaturen..."

Das Problem ist nur, dass komplexe Sätze eine entsprechende akustische Differenzierungsfähigkeit, Merkfähigkeit, sowie eine gute semantische und grammatikalische Kompetenz voraussetzen. Das heißt, verbal bediente

SchülerInnen müssen gut hinhören und Gehörtes genau wahrnehmen können, sie müssen über ein gutes Kurzzeitgedächtnis verfügen und den Wortschatz und die Grammatik der Lehrkraft verstehen.

Fälschlicherweise meint man, dass Mädchen bevorzugt akustisch lernen.

Doch auch Mädchen sind daran interessiert, Dinge zu entdecken und kreativ Neues auszuprobieren. Mädchen müssen aber wissen, worum es geht, bevor sie anfangen. Sie wollen bei neuen Dingen oft gerne zuerst eine Gebrauchsanweisung. Das ist aber keine Aufforderung zum rein verbalen Unterricht.

Mädchen hören tendenziell Klangunterschiede besser als Jungen, sie begreifen oft intuitiv schneller, dass Klangbilder Buchstaben darstellen, während Jungen bei der Wahrnehmung von Formen eher im Vorteil sind.

Mädchen interessieren sich schon ganz klein mehr für Menschen und Gesichter, als für Dinge und Formen. Bei Jungen ist das umgekehrt.

Man kann bisweilen beobachten, dass kleine Jungs kürzer als Mädchen lauschen, wenn mit ihnen gesprochen wird. Dafür beobachten sie Dinge und Formen faszinierter als das andere Geschlecht.

11.3. Lesend lernen

Bevorzugt lesend lernen bedeutet, dass man einen Sachverhalt dann gut versteht, wenn er mit Worten beschrieben ist. Dass man sich sein Wissen am liebsten aus schriftlichen Quellen wie Formulierungen und Texten holt.

Da unser Bildungssystem die Weitergabe von Wissen in Buchstabenform bevorzugt, ist wie beim Hören von Texten eine hohe sprachliche Kompetenz die Voraussetzung.
Vorteile haben hierbei natürlich SchülerInnen, mit denen von Klein auf viel gesprochen wurde, denen zugehört und vorgelesen wurde. Denn sie haben all die entsprechen Begriffe für Sachverhalte ihrer Umgebung schon praktisch erfahren und als stabile Basisneuronen im Gedächtnis verankert. Hierdurch wird die spätere Ausdifferenzierung des Wortschatzes im Deutsch- und Fremdsprachunterricht, sowie das geistige Spiel mit Gedankenkonstrukten natürlich deutlich leichter.

11.4. Der abstrakt verbale Lerntyp

Sprachlich sehr gewandte SchülerInnen und Leseprofis lieben Textarbeit und entwickeln sich oft auch zum abstrakt verbalen Lerntyp. Sie sind natürlich am besten gewappnet für den Umgang mit Texten. Sie tun sich leicht, Texte wiederzugeben und zusammenzufassen. Solche Schüler-Innen schreiben gerne Tagebücher, Weblogs oder Merktexte am Computer.

11.5. Bildliches Lernen

Menschen, die diese Form des Lernens mögen, nehmen neuen Lernstoff bevorzugt in Form von Bildern oder Filmen auf. Sie machen sich zu Diensten, dass Bilder im Vergleich zu Worten ein Vielfaches an Informationen transportieren können.
BilderlernerInnen machen sich gerne zum Stoff Diagramme, Übersichten und Grafiken. Ihre persönlichen Unterlagen gestalten sie farbig, fassen Schriftliches zu Schemata zusammen, ergänzen Geschriebenes mit kleinen Skizzen oder Bildern. Sie arbeiten mit Lernpostern, Lernkarteien und schätzen den Wert von Büchern, in denen alles Geschriebene seinen Ort hat.
Bei komplizierten Lern- und Denkvorgängen zeichnen die

Visuellen gerne mit, fertigen Mindmaps an, knüpfen Fakten an Handlungsabläufe und geistige Orte, wobei sie diese dann als Resultat besonders gut abspeichern oder wiedergeben können.

11.6. Der haptische Lerntyp

Der haptische Lerntyp mag Dinge unmittelbar berühren, spüren und anfassen, also im wörtlichen Sinne „begreifen". Er mag die körperliche Empfindung auf der Haut, das unmittelbare Spüren von Material und Form.
Im Grunde genommen lernen alle Menschen in ihrem Leben zuerst einmal haptisch und propriozeptiv. Das heißt, wir Menschen entwickeln uns über Spüreindrücke unseres Körpers, die uns die entsprechende Lage die wir im Raum einnehmen, vermitteln. Im Mutterleib und auch in den ersten Lebensmonaten ist das Spüren unser bevorzugter Sinn. Um uns geborgen und sicher fühlen zu können brauchen wir die Spürempfindungen unserer Haut. Um Dinge gedanklich begreifen zu können müssen wir diese zuerst spüren und tasten. Kleine Babys stecken alles in den Mund, sie möchten alles in die Hand nehmen um sich die Welt zu erobern.
Der eine oder andere bevorzugt diesen Spürkanal eben auch noch in späteren Jahren.

11.7. Lernen über verschiedene Kanäle

Bei uns Menschen scheint es offensichtlich so zu sein, dass manche mehr das verbale und manche mehr das räumlich - visuelle System bevorzugen.

Neuronale Netze sind jedoch um so stabiler, je mehr Informationen aus verschiedenen Sinneskanälen einfließen. Das kann man sich beim Lernen vor Augen führen und auch die persönlich nicht so bevorzugten Kanäle öfter einmal anzapfen.

Grundsätzlich ist es eine Frage des Lernstoffs, der persönlichen Geschicklichkeit und der Beziehungsumstände, wie man Informationen optimal ins Gehirn einbaut. Den eigenen Lerntyp kann man auch ändern und erweitern.

Nehmen wir zum Beispiel das Lernen einer Reihe von Vokabeln zu einem bestimmten Thema. Ich kann diese einfach stur auswendig lernen, sie mir von einer netten Bezugsperson vorsprechen lassen und mir ein Mindmap malen. Oder ich kann die Liste der Vokabeln in eine emotionale Handlungsabfolge einbinden und diese an einem bildhaften Gegenstand festmachen. Habe ich den Gegenstand, habe ich unweigerlich das ganze Netz an weiteren Informationen. Und zwar bildlich, sprachlich und, wenn ich eine gute Geschichte habe, auch noch episodisch, und emotional.

Schule beansprucht für sich, der Fachort für Lernen zu sein. Deshalb muss sie Lernstoff haptisch, akustisch, verbal, bildlich und emotional zugänglich machen.

Nur emotionale Bedeutsamkeit verankert wirklich tief. Je ungewöhnlicher, schräger, spannender und komischer ein Lerninhalt ist, je optimaler die Lernumgebung, desto besser bleibt er im Gehirn.

12. Teilbereiche fördern

12.1. Sprache, die Pforte zur Welt

Denken, Sachverhalte begreifen, analysieren und einordnen, sich etwas merken, beurteilen, Vergleiche ziehen, geht um so besser, je fitter man sprachlich ist. Um so mehr Begriffe, Redewendungen und grammatikalische Varianten man geistig verfügbar hat, um so besser hat man die Welt im Griff. Mit diesen Verfügbarkeiten kann man spielen, Ideen schaffen, sich über Inhalte austauschen und Beziehungen knüpfen.

Die Muttersprache in Wort und Schrift gut zu beherrschen, ist im Zeitalter von Information und Kommunikation die wichtigste Basis für persönlichen Lebenserfolg, für gesellschaftliches Fortkommen und für das dialogisch geprägte freiheitliche Leben in einer Demokratie.

Deshalb ist es eine der Hauptaufgaben von allgemeinbildenden Schulen, mit Hilfe passender Methoden, jeder und jedem dieses Kulturgut zuteil werden zu lassen.

Erstaunlicherweise gab es in früheren Zeiten hierzulande kaum SchülerInnen, die nicht wenigstens einigermaßen lesen und schreiben konnten. Das hat sich im Zuge der derzeitigen Lebensweise und auch des schulischen Methodengewirrs verändert.

Sicher gibt es SchülerInnen, die sich auf Grund von Migration, biologischer oder sonstiger Ursachen schwer mit dem Erlernen des Lesens und Schreibens tun, aber die hohe

Zahl junger Menschen, die nach jahrelangem Schulbesuch
als Analphabeten die Schulen verlassen, spricht für ein feh-
lerhaftes Lernsystem. Denn das Erlangen der grundlegenden Lese- und Schreibfähigkeit ist in erster Linie eine Frage
des Unterrichtens.

Allgemeinbildende Schulen versagen flächendeckend bei
einer fundierten Laut- und Buchstabenvermittlung. Un-
reflektiert wird Jahr für Jahr herumexperimentiert. Welcher
Lese- und Schreiblehrgang gerade aktuell ist, bestimmt oft
weniger die Sprachwissenschaft, als vielmehr der Einfluss
von Schulkarrieristen. Lehrkräfte bekommen vielfach deren
jeweils aktuelle Gedankenprodukte als Lehrplanvorgabe,
die der Schülerschaft zwangsweise übergestülpt wird.
Schule tut sich deshalb nach wie vor schwer bei der
Ursachenbekämpfung von Sprachentwicklungsrückständen
und beeinträchtigten Leselernprozessen. Man weiß kaum
etwas über motorisch-neuronale Lautentwicklungsprozes-
se, über die Entwicklung von Syntax, Grammatik, über Spiegelprozesse und das wichtige gegenseitige Einfühlen beim
Erlernen von Sprache.
Unsere DidaktikerInnen verstehen vielfach nicht, wie wichtig gerade beim Fremdsprachenlernen der Buchstabenzu-
gang über die Motorik der Sprechbewegung ist.
Sie ignorieren, dass Grammatik etwas mit Sprach- und
Sprechrhythmus und somit letztlich einem natürlichen
Bewegungsgefühl zu tun hat.
Deshalb ist es bei Sprachentwicklungsrückständen und Le-
se-Rechtschreibproblemen enorm wichtig, das Wissen von
Fachleuten einzubeziehen. Denn es gibt Ursachen in
vielerlei Richtungen.

12.2. Hörgesundheit
heißt nicht nur „fit auf dem Ohr".

Ob jemand richtig hört, ob also die Hörorgane in Ordnung sind, kann der Hals-Nasen-Ohrenarzt feststellen.
Manchmal ist aber noch zusätzlich der Gang zum Pädiater, erforderlich. Denn einige Menschen, oft häufiger Jungen als Mädchen, können ähnliche Laute wie T/K, T/D, G/K N/M nicht unterscheiden. Sie brauchen eine längere Zeiteinheit um einen Klang sicher wahrnehmen zu können. Die normale Abfolge im Hundertstelsekundenbereich geht ihnen zu schnell.
Oft hören Betroffene alles, was man zu ihnen sagt wie durch einen schallgedämmten Vorhang. Wenn man sich einen Wattebausch in die Ohren steckt, kann man das ein wenig nachvollziehen. Viele Wörter sind dann nicht mehr genau zu verstehen. Dann hört zum Beispiel „kann" statt „man" und „klein" statt „kein", oder „Kasse" statt „Tasse" .
Es kann auch sein, dass jemand Lautstärken und Tonhöhen nicht unterscheiden oder eine Geräuschquelle nicht orten kann, also nicht genau weiß, woher ein Klang kommt.
Sehr belastend ist es für LernerInnen, wenn sie vor einem Geräuschhintergrund keine Stimmen herausfiltern können. Denn im Klassenzimmer gibt es fast ständig Hintergrundgeräusche und die Lehrkraft ist bei dieser Problematik oft nicht mehr oder nur undeutlich zu verstehen. Meist gibt es trotzdem ein besseres Ohr und es ist extrem wichtig, dass dieses zur Lehrperson hin und nicht zur Wand ausgerichtet ist.

Bei derartigen Hörproblemen spricht man von einer zentral-auditiven Wahrnehmungs- und Verarbeitungsstörung, da die Ursache im Gehirn oder in der Nervenleitung zum Gehirn zu finden ist. Um diese genau feststellen zu können braucht man spezielle Geräte, die nur ein besonders ausgebildeter Pädiater zur Verfügung hat.

Leider ist dabei auch nicht selten das Kurzzeitgedächtnis betroffen. Das heißt, in der auditiven Eingangsschleife können statt gleichzeit fünf bis sieben Einheiten (bits) deutlich weniger im Gehirn repräsentiert werden. Die Aufmerksamkeitsspanne für Hörinhalte ist damit erheblich eingeschränkt und es kann weniger Lerninhalt über das Gehör aufgenommen und abgespeichert werden.

Für betroffene Schüler und Schülerinnen sind Diktate nach Gehör eine Qual, da mündlich vorgetragene Sätze nicht im Arbeitsspeicher präsent gehalten werden können. Unterricht, der weitgehend vortragend ist, ist für solche SchülerInnen ebenfalls wenig geeignet. Hier sind andere, ergänzende Lernformen gefragt.

Es gibt mittlerweile sehr gute Programme und Angebote auf dem Markt, die in wenigen Wochen deutlich helfen können. Man hört z.B. eine Zeit lang extrem verlangsamte Wortklänge und kann somit die Prozesse zur Erfassung von Klangeinheiten im Gehirn trainieren.

Manche Logopäden haben sich auf zentral-auditive Wahrnehmungs- und Verarbeitungssstörungen spezialisiert und sind in dieser Hinsicht zuständige Anlaufstelle erster Wahl.

12.3. Sehen und Lernen

Nicht selten liegen die Ursachen für problematische Lese-Rechtschreibprozesse auch im Bereich des Sehens.

Die visuellen Fertigkeiten, also etwas bildhaft klar erkennen, unterscheiden und verstehen zu können, sind uns Menschen bei der Geburt nicht fertig gegeben. Wir müssen sie bis zum Alter von zwölf Jahren lernen und entwickeln.

Sehvermögen und motorische Entwicklung gehen Hand in Hand. Sie sind miteinander verknüpft und voneinander abhängig. Das binokulare Sehen, die Abstimmungsfähigkeit beider Augen auf ein Objekt, das Nah- und Fernsehen, die genauen verfolgenden Augenbewegungen und die Ausbildung eines dominanten Auges, hängen von frühkindlichen Bewegungserfahrungen und dem Durchlaufen bestimmter Bewegungs- und Reflexprogramme ab.

Kleine Kinder brauchen viefältige Gelegenheiten, Dinge zu greifen, sie müssen es üben, ihren Kopf aus der Bauchlage abzuheben, sie müssen genügend robben und krabbeln um ihre Seitigkeit und ihre visuellen Fertigkeiten auszubilden. Das alles geschieht aber nur dann, wenn sie von Bezugspersonen dazu angeregt werden.

12.3.1. Die Anpassung der Augen an verschiedene Entfernungen

Wir alle müssen als kleine Kinder lernen, unsere Augen an Tätigkeiten in geringer Entfernung anzupassen, fachbegrifflich gesprochen, sie zu akkomodieren. Von Natur aus sind wir als Baby nämlich leicht weitsichtig, denn anlagemäßig und entwicklungsgeschichtlich sind wir noch auf das Beobachten von Dingen in größerer Entfernung eingestellt.

Wenn sich die Augen wie beim Greifen, Essen, später beim Lesen und Schreiben auf eine geringere Distanz einstellen, muss sich der Augapfel mittels des Ziliarmuskels anpassen, indem er sich durch erhöhten Druck in die Länge zieht. Hinzu kommt eine konvergente Anpassungsbewegung, eine Aktivität der äußeren Augenmuskeln, die den Augapfel nach innen zum gewünschten Objekt hin dreht.

Babys trainieren diese Akkomodationen indem sie Dinge an ihre Augen heranführen, mit ihren Beinchen spielen oder Sachen in die Hand nehmen und in den Mund stecken. So werden ihre Auge-Handbewegungen zunehmend koordinierter.

Wird die Akkomodation nur ungenügend spielerisch eingeübt oder gelingt sie aus anderen Gründen nur für kurze Zeit, ist das Sehen hauptsächlich auf Weitsichtigkeit eingestellt. Es kann so beim Leseprozess zu Kopfschmerzen, Erschöpfung, Augenbrennen und dem Auftreten von Doppelbildern kommen. Letzteres nennt man fachbegrifflich

„Konvergenzinsuffienz".

Zu frühes, starkes Fokussieren auf Nahsicht hat aber auch seinen Preis. Es überlastet den Ziliarmuskel und führt zu verfrühter Kurzsichtigkeit. Lesenüben mit fünf Jahren und der starre Blick auf ein Handy im Kleinkindalter, ebenso wie herkömmliche blickfixierende schulische Abläufe sind so hinsichtlich gesundheitlicher Aspekte unter ganz neuen Vorzeichen zu betrachten.

Ob die Sehschärfe stimmt, ob man vielleicht kurz- oder weitsichtig oder bezüglich des Sehfelds eingeschränkt ist, kann man durch einen Augenarzt feststellen und behandeln lassen.

12.3.2. Versteckte Sehfunktionsdefizite

Visualmotorische Prozesse

Es gibt noch eine weitere Möglichkeit der motorischen Problematik beim Sehprozess. Denn dieser verlangt nicht nur eine gute Auflösung kleiner Details (Sehschärfe), sondern auch eine gute Trennung der zeitlich nacheinander einlaufenden Bilder.

Dieses „dynamische Sehen" ist für die Bewegungswahrnehmung zuständig.

Manche können ein Objekt nicht reibungslos und ununterbrochen nur mit den Augen verfolgen. Sie halten an der Körpermittellinie die Augen an und machen zusätzliche Körperbewegungen um diese zu überkreuzen. Das Verfolgen von Bewegungen hängt eng mit der Zusammenarbeit der Hirnhälften zusammen, einer Leistung die ebenfalls durch motorische Aktivitäten und Überkreuzbewegungen wie Krabbeln im Kleinkindalter, angebahnt wird.

Gibt es Probleme bei dieser Entwicklung, können manche Kinder kein eindeutig dominantes Auge ausbilden und schalten jeweils das eine oder andere Auge beim Lesen ab. Sie lesen also manchmal mit dem rechten und dann wieder mit dem linken Auge und sehen so die Buchstaben springen und an wechselnden Orten stehen.

Hierfür gibt es spezielle Blicktrainings beim Optometristen.

Diese sollen dazu führen, dass man die Zeile nicht mehr verliert, Textstellen schneller wiederfindet und auch eine deutlichere Handschrift bekommt.

12.3.3. LRS und Dyskalkulie

Das Talent der Visuellen

Beim Lesen kann nicht nur die Sehmotorik, sondern auch die Reiz- Weiterleitung, das bildhafte Gedächtnis, die räumliche Einschätzung von Dingen und die Verknüpfung bildhafter Funktionen mit anderen Sinnesorganen und Hirnbereichen nicht in Ordnung sein.

So kann man beim Lesen Probleme bei räumlich ähnlichen Buchstaben wie „b" und „d" haben, weil man Kreisformen oder die räumliche Lage der Striche nicht genau identifiziert. Man bringt dann Laut und Buchstabe inhaltlich nicht zusammen, verwechselt Rechts und Links oder hat Schwierigkeiten mit der Speicherung abstrakter Begriffe, wie „gegen, vor, nach, es". Auch werden so Reihenfolgen, Fakten und Informationen, die nicht auf Erfahrungswissen beruhen, schlecht erinnert.

Hinsichtlich dieser Problematik ist es für Therapeuten und Lehrkräfte gegebenenfalls sinnvoll, schwerpunktmäßig mit dem ganzkörperlichen Empfinden und Erleben von Bewegungen in den verschiedenen Raumlagen „Links – Rechts, Vor – Zurück, Oben – Unten, Innen - Außen" zu arbeiten. Beim Leselernprozess hilft auch die Konzentration auf Körperempfindungen, auf das Spüren der Artikulationsstellen von Buchstaben. Sind die Körperpfade einmal gelegt, sitzen die Begriffe genauso wie bei „normalen" Lernerinnen und Lernern.

Durch den Aufbau von räumlichen Körperempfindungen kann auch eine stabile Rechenfähigkeit erzeugt werden. Viele SchülerInnen, die unter Dyskalkulie leiden, haben z.B. keinen körperlichen Begriff für „Minus". Baut man über die Körperwahrnehmung ein Richtungsempfinden für „zurück" auf, löst sich das Problem und die Rechenoperationen gelingen.

Manche Legastheniker, die sogenannten „Visuellen", haben eine ausgeprägte Begabung im Bilderdenken.

Deshalb spricht der Autor Ron Davis von Legasthenie als „Talentsignal". Davis nutzt u.a. das Talent im Bilderdenken in seinen Therapieformen.

Bei Visuellen werden Begriffe in Form von lebendigen Bildern abgespeichert. Im Gegensatz zum normalen Bilderspeichern leuchten bei ihren bildhaften Vorstellungen im Gehirn noch Areale auf, die eigentlich nur aktiv sein dürften, wenn man das Bild wirklich, also real sieht. Die Visuellen haben deshalb oft ein sehr gutes Langzeitgedächtnis für Erlebtes, Orte und Gesichter. Sie sind häufig sehr erfolgreich in technischen, kreativen und musischen Berufen - wenn sie denn die Mühlen der Schulen und Universitäten einmal hinter sich gebracht haben.

Das vordergründige Erscheinungsbild LRS und Dyskalkulie kann einen Zusammenhang mit allen möglichen Ursachen und Erscheinungsformen haben.

12.4. Was Reflexe mit Lernen zu tun haben

Nicht selten sind die Ursachen von Lese-Rechtschreibproblemen, Lern- und Verhaltensproblemen in einem Weiterbestehen primitiver Reflexe zu finden.

Es gibt in der Entwicklung jedes Menschen Reflexe, die in einer bestimmten Reihenfolge gelernt werden müssen. So gibt es den primitiven Furcht-Lähmungs-Reflex, den Moro-Reflex in seinen zwei Stufen, daneben Beuge-, Dreh-, Greif- und Aufrichtereflexe. Jeder dieser Reflexe muss in der richtigen Art in einen höheren Reflex integriert werden, will man eine gesunde motorische, emotionale und geistige Entwicklung durchlaufen.

Reflexe bestimmen in den ersten Lebensmonaten automatisch die Entwicklung unseres Bewegungssystems. Dieses hängt eng mit dem Augen- und Hörsystem zusammen.

Beispielsweise entsteht in der 18. Schwangerschaftswoche der asymmetrisch tonische Nackenreflex (ATNR). Wenn das Baby bis zum 6. Monat nach der Geburt den Kopf zur Seite dreht, strecken sich die Gliedmaßen auf der gleichen Gesichtsseite und beugen sich auf der gegenüberliegenden. Besteht dieser Reflex über den 6. Monat hinaus, wirkt sich das nachteilig auf die Entwicklung des nächsten Reflexes aus. Alle Bewegungen, die über Kreuz gehen, funktionieren dann nicht richtig. Die Hirnhälften können sich nicht auf ihre Hauptaufgaben spezialisieren und müssen Aufgaben übernehmen, die eigentlich nicht für sie vorgesehen sind. Auch das Gleichgewicht wird sich schlechter entwickeln und die Myelinisierung der Nervenbahnen kann gestört werden. Nerven werden dann nicht fest genug ummantelt, sodass eine allgemeine Reizempfindlichkeit fortbesteht.

Da der ATNR Bewegungen auf der gleichen Körperseite verstärkt, kann sich auch die Auge- Handkoordination nicht gut entfalten. Sieht man einen Gegenstand, dreht mit dem Kopf der ganze Körper um den Gegenstand zu greifen. Der Arm kann also nicht unabhängig vom Körper über die Mittellinie. Die isolierte Bewegung geht damit nicht, der Reflex aktiviert unbewusst den ganzen Körper zur gleichen Seite. Somit wird die Bewegung überschießend enden.

Beim Schreiben kann sich das später in der Schule so auswirken, dass man das Heft immer weiter nach rechts oben dreht um auf einer Körperseite zu bleiben. Die Finger müssen dadurch ziemlich viel Druck auf den Stift ausüben und ermüden so schneller.

Auch beim Lesen entsteht der Zwang, den Kopf oder sogar den ganzen Körper mitzubewegen, sodass Satzzeichen, einzelne Wörter, oder sogar Zeilen ausgelassen oder Buchstaben und Wörter falsch aneinandergereiht werden. Lautes Vorlesen gelingt in solchen Fällen oft nur unter großer Anstrengung, mit Verzögerungen, Wiederholungen und Verbesserungen.

Bei Erwachsenen sieht man den fortdauernden ATNR zum Beispiel beim Autofahren. Dreht jemand den Kopf nach links, drehen sich automatisch auch Körper und Arm nach links, und das Auto fährt dann auch in diese Richtung. Die isolierte Bewegung geht nicht, Bewegungen auf die gleiche Seite werden durch den Körpertonus noch verstärkt.

LRS kann auch mit einem fortbestehenden Symmetrisch tonischen Nackenreflex (STNR), mit einem nicht integrierten Furcht-Lähmungsreflex in Verbindung gebracht werden. Denn es gibt die biophysische Erscheinung, dass Stress sich auf die Akkomodation auswirkt, indem es das Gesehene verschwimmen lässt. Ein uralter Schutzmechanismus, wenn einem der Feind zu nahe kommt.

Mittlerweile gibt es gute Literatur zum Thema, sowie speziell ausgebildete KrankengymnastInnen und TherapeutInnen, die Hilfe bei der Integration von Reflexen anbieten.

12.5. Wer hilft genau?

Bei Lernproblemen ist es meist vernünftig, sich die Meinung entsprechender Fachkräfte einzuholen.

Vermutet man einen Zusammenhang zwischen Lern-, Lese- oder Rechtschreibproblemen und visuellen Wahrnehmungsstörungen, ist es ratsam, sich zur Abklärung an einen spezialisierten (Kinder-)Optometristen zu wenden, da dieser auf die Erkennung von Sehfunktionsdefiziten spezialisiert ist.

Zu einer genauen Diagnose bei Seh- und Augenfunktionsproblemen gehört auch eine osteopathische Abklärung. Denn die Ursache für Sprünge und Rucke bei horizontalen Augenbewegungen kann auch ein blockiertes Keilbein (Sphenoid) sein. Das Keilbein ist ein frei beweglicher, leicht verdrehbarer Knochen im Schädel, an dem fünf der äußeren Augenmuskeln entspringen.

Darüber hinaus muss man auch wissen, dass bei seelischen und körperlichen Traumata die feinen Augenmuskeln verschiedenartigste einseitige Spannungen abbekommen. Deshalb sind neue Methode der Traumatabehandlung, EMDR und Brainspotting so erfolgreich.

Hierbei geht es um die Koordination von Augenbewegungen und Vorstellungsbildern. Man hat herausgefunden, dass beides zusamenhängt.

Für diesen Bereich gibt es spezialisierte Psychologen.

Auch der Weg zum Kinder- und Jugendtherapeuten ist bei Lernschwierigkeiten häufig angeraten.

Einmal zur psychologischen Abklärung der persönlichen

Lern- und Familiensituation. Und auch, um gegebenenfalls ein Gutachten für die Schule zu bekommen.

Bei *Legasthenie* ist es speziell so, dass sie von offizieller Seite als „eine Störung des Lesens und Rechtschreibens" beschrieben wird, „die entwicklungsbiologisch und zentralnervös begründet ist, die trotz normaler oder auch überdurchschnittlicher Intelligenz und trotz normaler familiärer und schulischer Lernanregungen besteht, und deren Ursachen bereits vorgeburtlich oder zeitnah zur Geburt angelegt sind".
Demgegenüber spricht man von „*Lese-Rechtschreibschwäche*", wenn Leistungen „ein vorübergehendes legasthenes Erscheinungsbild" aufweisen. Dies kann auf unterschiedlichen Ursachen beruhen, wie z.B. auf einer Erkrankung, einer besonderen seelischen Belastung oder eines Schulwechsels. Oder es ist, wie in den meisten Fällen, durch ungenügendes Training und unzureichende Unterrichtsmethoden verursacht.
Die Bezeichnung „Lese-Rechtschreibschwäche" beschreibt also eine Verzögerung im individuellen Lese- und Schreiblernprozess.
Wenn man davon ausgeht, dass rund sieben bis zehn Prozent aller SchülerInnen Schwierigkeiten beim Erlernen des Lesens haben, wäre es doch Aufgabe der Schule, sinnvolle Techniken für das Erlernen des Lesens und Schreibens anzubieten und bei Problemen auf die unterschiedlichen Ursachenfelder hinzuweisen.

12.6. ADHS

Während viele allmählich merken, dass bei LRS eine genaue Diagnose notwendig ist, ist das bei einem Verdacht auf ADHS, dem mit Hyperaktivität verbundenen Aufmerksamkeitsdefizit-Syndrom noch lange nicht so.

Geht man zum Arzt, macht dieser zur Diagnose meist einen Fragebogen, den sogenannten DSM 5. Er besteht aus 18 Fragen und zwei Abschnitten zu den Themen Unaufmerksamkcit, Hyperaktivität / Impulsivität. Zum Beispiel steht da: "Hat häufig Schwierigkeiten, Aufgaben und Aktivitäten zu organisieren", oder „Kann nur schwer warten bis er an der Reihe ist", Zappelt häufig mit Händen oder Füßen, Rutscht auf dem Stuhl herum".
Wenn bei Kindern bis 12 Jahren 6 Punkte und bei Jugendlichen und Erwachsenen 5 Punkte erreicht werden, wird die Diagnose ADHS verpasst. Und dazu meist eine chemische Dröhnung, das Methylphenidat, bekannt unter dem Namen „Ritalin".

Die DSM 5 Fragebögen werden gerne von Mitarbeitern der Pharmafirmen verteilt, denn mit ihnen lässt sich im Nu eine Diagnose machen, welche eine Ritalinverschreibung oder die Verordnung ähnlicher Medikamente zur Folge hat. Ritalin gehört weltweit zu den umsatzstärksten Medikamenten.

Leider gibt es aber mindestens zwanzig Leiden mit ähn-

lichen Symptomen, wie die auf dem Fragebogen aufgelisteten. Diese betreffen 90 Prozent aller Kandidaten und
müssen jedoch komplett anders behandelt werden.
Aber der Fragebogen wird trotzdem als Diagnosemittel
hergenommen, weil er schnell und kostengünstig ist. Eine
genaue Diagnose ist für den Arzt unter heutigen
Bedingungen nicht wirtschaftlich. Man weiß in Mediziner-
kreisen um das Problem, ändert aber aus Kostengründen
nichts.
Außer bei ADHS gibt es in der Medizin kein anderes Leiden,
bei dem man einfach einen Fragebogen aushändigt.
Der Arzt stellt also vielfach, hoffentlich mit schlechtem
Gewissen, eine kostengünstige Diagnose. Die Eltern sind
froh, dass das Störbild ihres Kindes einen gesellschaftlich
anerkannten Namen hat und mit einer Pille flott behandelt
werden kann. Die Lehrkräfte atmen ebenfalls auf. Das
betroffene Kind schluckt, was ihm verordnet wurde – und
wird ein fremdgesteuertes Bravkind.

Tonnenweise wird die chemische Keule mittlerweile
verschrieben, sogar schon an Zwei- und Dreijährige.
Kinder sollen ja ruhig werden und sich an die Gesellschaft
anpassen. An den Rhythmus und das hektische Takten des
Erwachsenenalltags. An die Medienflut, die Mediengewalt,
die Scheidungskriege, die Arbeitszeitvorgaben der Firmen,
die oft kein ruhiges, geregeltes Familienleben zulassen. An
das Fehlen der Väter oder Mütter durch den Zwang
familienfeindlicher Karrierevorgaben, an den Stress durch
Trennungen und Scheidungen. An das starre Dauersitzen in
Schulen, an das perfektionistische Leistungs- und No-
tensystem, welches die natürlichen Spiel-, Freizeit- und
Bewegungsbedürfnisse von Kindern, Jugendlichen und

jungen Erwachsenen gnadenlos ignoriert.
Hunderttausende werden mit Methylphenidat ruhiggestellt,
obwohl Eisenmangel, Augenprobleme, Schlafmangel, Fami-
lienprobleme, Drogenkonsum die Ursachen von Impulsivität und Ablenkbarkeit, kurzer Aufmerksamkeitsspanne
und Hyperaktivität sein können.

Gesellschaftliche Stimmen, welche die unter dem DSM
Fragebogen aufgelisteten Symptome in vielen Fällen mit
professioneller Vernachlässigung von Seiten der Eltern in
Verbindung bringen, werden mittlerweile deutlicher. „Zu
großer Druck, zu viele Erwartungen, zu viel Anpassung an
gesellschaftliche Erwartungen" ist die Erkenntnis.
Viele fordern eine neue Sichtweise der Eltern, der Ärzte, der
Schulbehörden.

Fast eine Quadratur des Kreises. Denn die Pillenbefürwor-
ter müssten sich selbst reflektieren und ihre Grund-
einstellung zum Leben ändern.
Da wäre es schon besser, das Methylphenidat erst einmal zu
verweigern, und sich genauer zu betrachten, was eigentlich
hinter dem Ganzen steht.
Bei Verdacht auf ADHS ist sinnvollerweise zuerst einmal zu
prüfen, ob noch frühkindliche Refexmuster bestehen. Auf-
merksamkeitsprobleme und eine schlaffe, schlechte Haltung können im Zusammenhang mit einem nicht integrierten Tonischen Labyrinthreflex, Landaureflex oder
symmetrisch-tonischen Nackenreflex sein.
Wer herumhampelt, Probleme hat still zu sitzen und un-
wichtige Eindrücke auszusortieren, leidet oft auch unter
fortdauernden Stressreflexen, d.h. einem nicht integrierten
Furcht-Lähmungs-Reflex und Moro-Reflex, wie es Dr. Harald

Blomberg in seinem Buch „Bewegungen, die heilen" beschreibt.

Bei den wenigen wirklichen ADHS- und auch ADS- Betroffenen ist Neurofeedback eine gute pillenfreie Möglichkeit. Ziel ist die selbstgesteuerte willentliche positive Beeinflussung frontaler Hirnregionen, in denen die neuronalen Kreise zur Aufmerksamkeitssteuerung sitzen. Neurofeedback hat keine Nebenwirkungen, es macht auch später nicht anfällig für Suchtmittel und erhöht daher das Gefühl für Selbstwirksamkeit.

Auch ein Gang zum Familientherapeuten ist bei Verdacht auf ADHS nicht selten sinnvoll. Oder – einfach nur ein geregeltes Familienleben, weniger Schulstress, viel Bewegung und gesunde Ernährung.

Nachdenken und nicht gleich die Pille schlucken ist also angesagt.

Denn es ist nicht so spaßig, methylphenidat(fern)gesteuert, durch`s Leben zu gehen. Vor allem nicht, wenn man zu den 90 Prozent Fehldiagnosen gehört.

Psychopharmaka machen die Persönlichkeit kaputt, rauben einer Persönlichkeit die Frische, Kreativität, Vitalität, Lebensfreude und Selbstbestimmtheit. Viermal mehr Jungen als Mädchen sind von der Diagnose ADHS betroffen.

Wie wäre es, wenn Eltern und vor allem Schulen endlich der Tatsache Rechnung tragen würden, dass Jungen doppelt so viel Muskelmasse wie Mädchen heranbilden und trainieren müssen? Und daher auch ein verstärktes Bewegungsbedürfnis haben ?

Leide verlangen viele SchülerInnen schon selbst die Leichtlernpille. Man möchte einfach schneller, aufnahmebereiter und leistungsfähiger als der Durchschnitt sein.

Zu der Frage nach dem „Warum" und der Abhängigkeit von Psychopillen in der Schulzeit hilft vielleicht die Überlegung, dass es bestimmt nicht prickelnd ist, sich nach dem Sonnen in geistigen Höhenflügen durch chemische Helfer in späteren Jahren wieder mit dem Aushalten mentaler Durchschnittlichkeit anzufreunden.

13. Neue Lernmaximen

13.1. Den Fehler schätzen

Berücksichtigt man den Willen von Schülerinnen und Schülern, hätten diese meist schon gerne eine externe Rückmeldung über ihren Leistungsstand. Aber sie möchten nicht, dass man bei der Leistungsbeurteilung über ihre Köpfe hinweg diskutiert. Sie wollen eine individuelle, sachliche Rückmeldung im Sinne einer Vorher-Nachher Bilanz. Nicht im Sinne eines subjektiv wertenden Kommentars oder Vergleichs mit den Besseren und Besten! Der Fehler wird so zum „Füller" für Wissen das man sich aneignen möchte.

Wenn man sich bei etwas sehr schwer tut, ist es ein Unsinn, dauernd kontrolliert oder mit Vergleichsnoten beurteilt zu werden. Dann bekommt man bloß noch mehr Widerwillen und fühlt sich schwach, beschämt und minderwertig.

Jeder Mensch hat sein individuelles Lerntempo. Der eine lernt eben schneller, der andere braucht länger. Was nicht immer heißt, dass der Langsamere der Dümmere ist. Vielleicht lernt er einfach nur anders, denkt beispielsweise mehr vom Gesamtzusammenhang her und braucht deshalb umfassendere Grundlagen. Das Lernen dauert bei ihm länger, er hat dafür später auch den größeren Überblick.

Forschungen zeigen mittlerweile eindeutig, dass es bei erfolgreichen Lehr- und Lernprozessen maßgeblich auf die innere Haltung gegenüber Fehlern ankommt.

Zielführend ist die Einstellung, dass Fehler grundsätzlich etwas Positives sind und den Erfahrungsschatz ungemein bereichern können.

Fehler im Lernprozess sind tatsächlich notwendige Stationen um Zielformen herauszuarbeiten. Fehlversuche sind Strategieversuche, die Kehrtwendungen zum Besseren einleiten und so unbedingt zum Lernen gehören.

In einer lernklugen Haltung gibt es somit kein „richtig" und „falsch", maximal ein „günstig" und „ungünstig".

Lehrkräfte brauchen die Einsicht, wie schädlich die übliche perfektionistische Fehlersensibilität für die Lernfreude, den Lernerfolg und das Selbstbewusstsein ihrer Anvertrauten ist.

Deshalb ist es notwendig, Ziele und Fehler neu zu definieren.
Die Idealvorstellung eines Zieles, einer Sache oder einer Handlung hat ihren Sinn als geistige Vorstellung oder Freude versprechendes Lockmittel, für das sich Anstrengungen und Fehlversuche lohnen. Nicht als belastendes Maß, das es unter allen Umständen zu erreichen gilt.
Junge Menschen müssen die Erfahrung machen dürfen, dass bisweilen etwas schiefgeht im Leben und auch beim Lernen. So merken sie, dass man trotzdem, oder gerade deswegen zukünftig besser klarkommen kann.

13.2. Unterschiede bei Mädchen und Jungen berücksichtigen

Manch eine oder einer hat auch durch irgendwelche Umstände keine Grundkenntnisse in einem Bereich. Das ist zum Beispiel bei Mädchen in technischen und mathematisch-naturwissenschaftlichen Fächern öfter der Fall. Mädchen sind häufig durch ihre Sozialisation nicht ans Hantieren mit Dingen gewöhnt, haben also automatisch weniger Raumerfahrungen.

Deshalb stellen sie sich vordergründig oft ungeschickt an und werden leicht Opfer von Gelächter, wenn es um praktisch-technische Handgriffe geht.

Ab einem gewissen Alter ist eine Trennung von Mädchen und Jungen bisweilen von Vorteil. Hierzu gibt es eine Reihe von Studien.

Den unterschiedlichen Lernfenstern der Geschlechter, deren Überkreuz-Entwicklung von Grob- und Feinmotorik, dem bis zur Pubertät mehr sprachlichen und feinmotorischen Vorsprung der Mädchen und der mehr grobmotorisch und räumlich-hantierenden Gewandtheit der Jungen kann dadurch besser Rechnung getragen werden.

In der Pubertät ziehen sich Mädchen in gemischten Gruppen bei den testosterongesteuerten Kommentaren mancher Jungen schnell zurück. Einige von ihnen packen auch, kulturell oder familiär bedingt, in der Pubertät ein überaus dominantes und oft rücksichtsloses Machogehabe aus. Da ist dann nicht mehr viel Platz für feine, leise Töne vieler Mädchen und auch mancher Jungs.

Für sie sind deshalb nicht selten Räume von Vorteil, in denen sie sich ausprobieren können, ohne gleich irgendwelchem Gespött der Jungen preisgegeben zu sein. Das gilt besonders für die naturwissenschaftlich-technischen Fächer.

Um wirklich selbstbewusste Persönlichkeiten zu werden, müssen Mädchen lernen, ihr eigenes Ding zu machen anstatt sich zu sehr den medialen Normen anzupassen, die ja gerne die dienstbereite perfekt gestylte Puppe hätten.

Für Jungs wäre es ebenfalls sinnvoll, das jahrhundertealte Rollenklischee des Starken, Harten und Kämpfers zu reflektieren. Um in der Pubertät ihre Identität entwickeln zu können, brauchen sie deshalb starke, selbstsichere und kommunikationsgeschulte Lehrkräfte, die sich der ganzen Palette ihrer Männlichkeit bewusst sind.

Hinsichtlich ihres zukünftigen Lebens und ihrer Partnerbeziehungen ist es für junge Männer auf jeden Fall produktiver, sich sprachlich-konstruktiv auseinandersetzen zu können, als versucht zu sein, bei jedem Konflikt dominant mit der Faust auf den Tisch zu schlagen.

13.3. Das Talent bestimmt den Weg

Jede und jeder kann Experte werden

Jede Schülerin, jeder Schüler hat Talente in einem bestimmten Bereich. Jeder Mensch mag etwas besonders gerne. Jeder kann Experte werden, wenn er sich lange in einem Bereich ausprobiert, darin die verschiedensten Erfahrungen macht und individuell sinnvolle Maßstäbe entwickelt.
Praktisch fast alle jungen Menschen können zu hohen Leistungen in einem Gebiet kommen, wenn sie sich hinsichtlich ihrer ganz persönlichen Begabung vor hohe Anforderungen an ihre Problemlösefähigkeit gestellt sehen, wenn ihnen Selbstverantwortung übertragen wird, wenn man sie planen und gestalten lässt und wenn man sie auf selbstständige Entdeckungsreisen schickt.

Ausnahmen scheinen, hinsichtlich der Schwerpunktsetzung für ein bestimmtes Fachgebiet, oft die Feinsinnigen zu sein, denn sie interessieren sich für alles Mögliche.
Auch das macht Sinn. Es muss in jeder Kultur Menschen geben, die den Überblick über mehrere Gebiete bewahren und das Große und Ganze im Blick haben, wenn es um Entscheidungen geht.
Also sind solche Menschen auch Experten, Experten beim Bewahren des Überblicks. LehrerInnen täten gut darin, solcherart Begabte in ihrer speziellen Fähigkeit zu unterstützen und mit den entsprechenden Aufgaben wie Diskus-

sionsleiter, Beauftragte für das allgemeine Wohlbefinden oder Beschützer demokratischer Vorgänge in der Lerninstitution zu betreuen.

Experte in einem Gebiet zu sein ist ein Eckpfeiler persönlicher Selbstwirksamkeit.

Junge Menschen entwickeln Selbstbewusstsein, Eigeninitiative, Fachkompetenz, Verantwortungsgefühl, Problemlösefähigkeit und Selbständigkeit, wenn ihnen etwas zugetraut wird, und wenn sie als Fachleute in einem bestimmten Gebiet wirken können.

In einer Institution, die sich zum Ziel gesetzt hat, Lernende anhaltend zufrieden und glücklich zu machen, gibt es die Möglichkeit, Experte in einem Gebiet der persönlichen Wahl zu sein. Hier gibt es Gelegenheiten zum eigenverantwortlichen Tun, hier wird „Appetit" auf vielfältige Wissenserfahrungen, auf Experimente und Projekte gemacht.

Lernende brauchen dazu einen wertungsfreien Raum, um ohne Gängelung Versuche mit Fort- und Rückschritten, mit Irrtümern und Fehlern machen zu können.

Eigenverantwortliches, experimentierendes, selbstgesteuertes Lernen und Denken braucht zukünftig einen großen Platz im Schulalltag. Denn Lernfreude in Form des chemischen Cocktails Dopamin kommt dann auf, wenn man als Lernende(r) Erkenntnisse aus einer eigeninitiativen Suche nach Sinn und Zusammenhang bekommt.

Der persönliche Talentbereich beflügelt außerdem zum vertieften Lernen. Betrachtet man Lernen unter dem Aspekt des Expertentums, nimmt man zusätzlichen Übungen die Schwere. Sie sind dann Mittel zum Festigen von Lernstoff, zum Erlernen von Selbststeuerung, Selbstdisziplin und

Selbstverantwortlichkeit. So haben sie Bezug zu etwas Positivem.

Man ist dann bereit zusätzliche Übungen zum Unterricht zu machen, wenn man einen persönlichen Vorteil durch den jeweils zu lernenden Stoff ausmachen kann. Wenn man sich mit Lernkurven auskennt und versteht, dass auch Wiederholungen zur Festigung von Gelerntem sinnvoll sind.

Wiederholung unter verschiedenen Aspekten ist besonders produktiv beim „Pairing", d.h. wenn Lernende zukünftige Themen vorbereiten, die sie als Lehrende anderen vermitteln. Auf diese Weise lernt man sowohl bei der Vorbereitung als auch bei der Präsentation. Der Lernprozess ist somit sehr tiefgründig, da man mit der Inhaltswiedergabe eine didaktische Absicht verbindet und zu eigenen klaren Gedanken, zu genauen Formulierungen, zu emotionalem und sozialem Austausch veranlasst wird.

Denken, Vergleichen, das Zurechtkommen mit Zweideutigkeiten und die passgenaue verbale Weitergabe ist mentale Schwerstarbeit.
Gelingt es, wird man mit körpereigenen Hormonen belohnt, die ganz ohne fremde Drogen Glücksgefühle, Selbstvertrauen und ein Gefühl der Stärke erzeugen.

13.4. Das Lernrevier muss sicher sein

Unser Hirnstamm braucht Raum.

Möchte sich Schule als Ort sinnvollen Lernens betrachten, muss für alle ein körpergerechter Arbeitsplatz vorhanden sein. Körpergerecht heißt, dass ein entspanntes und aufrechtes Sitzen möglich ist.

Ein Sitzplatz muss so groß sein, dass er genügend Abstand, also mindestens 45cm, zum Nachbarn erlaubt. Bei zu viel Enge ist gute geistige Arbeit nicht mehr richtig möglich, da sich unterbewusst unsere Hauptaufmerksamkeit auf die Abwehr von Gefahr richtet.

In unseren Schulen sollte es außer passenden Stühlen und Bänken auch Lesestützen für Bücher geben, damit der Körper nicht gebeugt und die Augen nicht geschädigt werden.

Allerdings helfen die besten Sitzmöbel auch nicht viel, wenn man im Unterricht längere Zeit mit gebeugtem Nacken auf kleine Displays schaut, mit eng angelegten Armen, eingezogenen Schultern und nach innen gedrehten Handrücken kleine Tastaturen bedient und sich so ein Stress- /Angstmuster in den Körper eingraviert.

Auch jede Lehrkraft braucht ein eigenes, einer Führungskraft entsprechendes Revier, in dem sie sich wohlfühlt. Dieses muss nicht nur funktionell sondern auch optisch mit Hausmacht ausgestattet sein. Ihr Pult sollte entsprechend groß sein, mit genügend Platz für Lernmaterialien und Präsentationsmedien.

In einer Schule, die sich wirklich dem Lernen und geistiger Aktivität verschrieben hat, muss genügend Raum da sein, um Einzelarbeit, Pairing, Projekt- und Gruppenarbeit in freierem Rahmen, als im 45 Minuten-Takt, abzuhalten. Lehrkräfte können nur so vielfältige Lernprozesse anregen. Sie sind dann oft mehr Lernorganisatoren und Lernbegleiter als Frontalunterrichtende.

Will man wirklich lerngerechte Räume, muss es für Zusammenkunft, Bewegung und Tanz Platz geben, ohne dass Bänke zusammengeschoben und Stühle über dem Kopf transportiert werden müssen. So kann wertvolle Unterrichtszeit eingespart werden.
Lernende brauchen für ihre Lernumgebung Räume und Materialien, die ihnen eine angenehme Atmosphäre und Wohlbefinden vermitteln. Beruhigende, warme Farben und Naturmaterialien wie Holz und Kork sind dafür besonders geeignet.
Junge Menschen wollen sich in ihren Lernräumen sicher und geborgen fühlen. Sie brauchen deshalb Nischen mit Sichtschutz und Rückzugsmöglichkeiten.
Pflanzen gehören auf alle Fälle dazu. Liebevoll eingerichtete Räume mit Pflanzen senken das Aggressionspotenzial und wirken gegen Ermüdungserscheinungen.

13.5. Einstehen für Schutz, Gesundheit und Respekt

Schulleitungen tragen die Verantwortung für Gesundheit, Schutz und Sicherheit in der Schule. Es geht dabei um Schutz vor körperlichen Gefahren, um psychische Sicherheit, um gesunde Räume und auch um gesunde Nahrungsmittel im Schulalltag.

Reine sauerstoffgesättigte Luft, gutes Wasser und ungesättigte Fettsäuren sind für Aufbau und Funktion des Gehirns von grundlegender Bedeutung. Omega 3- und Omega 6-Fettsäuren benötigen wir für die Leitfähigkeit und Vernetzung unserer Neuronen.

Gehirntätigkeit verbraucht viel Glukose. Besonders wertvoll sind deshalb Nahrungsmittel, die einen ausgeglichenen Blutzuckerspiegel garantieren, ebenso wie Mikronährstoffe in bestimmten Zusammensetzungen. In der Ernährung spielen nicht nur Fettsäuren und primäre Pflanzenstoffe wie Vitamin A, B, C, D, sowie Mineralien eine Rolle, sondern auch die Kombination von mehr als 30 000 sekundären

Pflanzenstoffen, die sich in ihrer Wirkung oft gegenseitig potenzieren.

Deshalb kehren mittlerweile wieder viele Menschen zurück zu unverfälschten und natürlich gewachsenen Lebensmitteln, bei denen alles optimal kombiniert ist. Ist dies nicht der Fall, kann es durchaus vorkommen, dass man sich nach dem Essen, anstatt wohlig und satt, niedergeschlagen und depressiv fühlt. Etwa wenn man Fleisch gegessen hat, das massiv mit Antibiotika oder sonstigen Zusätzen behandelt wurde.

Die Ernährung mit grünen Pflanzen, Blättern und Samen hat sich seit Jahrtausenden bewährt, weil in ihr alle Nährstoffe in der richtigen Zusammensetzung enthalten sind.

Sie ist auch eine geniale Art und Weise, um dem Hunger in der Welt Abhilfe zu schaffen. Es werden bestimmt nicht gentechnisch veränderte Getreide oder Kohlendioxid produzierende Fleischsorten sein, die in Zukunft das Ernährungsproblem auf der Erde lösen.

Gute Lebensmittel und hochwertiges Trinkwasser führen nicht nur zu einer besseren Umwelt, sondern auch zu besseren Denkprozessen, einer guten Merkfähigkeit und guter Laune. Sie müssen deshalb im Schulalltag verfügbar und bezahlbar sein.

Körperliches Wohlbefinden entsteht durch gesundes Essen, aber auch durch gute Luft und ein strahlungsarmes Umfeld.

Laut Bundesamt für Strahlenschutz gelten 0,08 Watt pro Kilogramm Körpergewicht als unbedenklich. Das bezieht sich auf die Spezifische Absorptionsrate (SAR), welche angibt, wie viel Strahlungsleistung menschliches Gewebe absorbiert.

Dieser Wert ist geringer als die maximale Strahlungsleistung von WLAN und deshalb kritisch bei den sen-
sibleren, noch im Aufbau befindlichen Gehirnen junger
Menschen zu betrachten.

Je nach Frequenzbereich transportieren WLAN-Verbin-
dungen zwischen 100 Milliwatt und einem Watt Energie,
das ist ihre Strahlungsleistung. Die Strahlungsleistung ist
ein Wert, der misst, wie stark ein (meist elektronisches)
Gerät in seine Umgebung abstrahlt. Je weiter man von der
Strahlungsquelle entfernt bist, desto schwächer ist die
Strahlung.

Im Abstand von einem Meter sinken die Belastungswerte
um 80 Prozent. Oftmals sind nur bestimmte Körperteile
direkt betroffen, zum Beispiel Kopf, Arme oder auch die
Beine.

Es gibt Studien, die eine schädliche Wirkung von WLAN bei
Ratten und Mäusen, die täglich ein bis zwei Stunden
elektromagnetischen Feldern ausgesetzt wurden, nach-
gewiesen haben. Ob diese Ergebnisse auf Risiken für den
Menschen hindeuten, lässt sich nicht eindeutig sagen. Es
gibt aber keine wissenschaftlich belastbaren Langzeit-
studien darüber, ob WLAN-Strahlung nicht doch gefährlich
ist.

Also ist es ratsam, sich nicht unnötig mit Strahlen zu
belasten und auf jeden Fall die vom Hersteller empfohlenen
Mindestabstände einzuhalten oder, besser noch, zu erhö-
hen.

Es ist auch zu empfehlen, WLAN-Router möglichst weit
entfernt von Plätzen zu platzieren, an denen man sich lange
Zeit aufhält, zum Beispiel Schreibtisch oder Bett. Eine gute
Möglichkeit, gerade im Klassenzimmer bei vielen Geräten,
ist es, auf Kabelverbindungen zurückzugreifen.

Elektromagnetische Strahlenbelastung wird durch eine Vielzahl elektronischer Geräte im Raum verstärkt. Die Strahlung kann gerade bei empfindsamen, sich in ihrem Aufbau befindlichen Gehirnen junger Menschen negative Auswirkungen auf die Konzentrationsfähigkeit haben oder für Kopfschmerzen oder Verspannungen sorgen.
Diese Dinge müssen im Schulablauf berücksichtigt werden.
Schulleiter und Lehrkräfte müssen für die körperliche und psychische Sicherheit der ihnen Anvertrauten einstehen.
Im gesamten Schulgebäude und auf dem Schulweg muss Nulltoleranz bei körperlicher Bedrohung herrschen.
Ebenso bei psychischer.
„Fertigmachen" durch eine Gruppe, seien es Ältere, Stärkere, oder einfach irgendwelche zufälligen Mehrheiten, ist ein absolutes No-go.
Gewaltbereite SchülerInnen dürfen nicht in den Pausenhof und dort auf MitschülerInnen Druck ausüben! Sie brauchen Beratung und Konfliktmanagement.

Was aber, wenn psychischer Druck von oben kommt? Wie steht es da um die Sicherheit der Betroffenen? Auch da gibt es in einer modernen bindungsorientierten Lerninstitution neutrale Anlaufstellen, Coaches und Mediatoren, die gut erreichbar sind. Alle Parteien überprüfen sich hier regelmäßig und freiwillig auf ihre emotionalen Kräfte, auf ihre Konflikt- und Demokratiefähigkeit.
Für alle gibt es unterstützende Maßnahmen, um leere Tanks wieder aufzufüllen.

Jede Schule braucht Möglichkeiten zur Aggressionsabfuhr.
Junge Menschen müssen aber auch die laute, unangepasste Seite in sich kennenlernen dürfen und Gelegenheit bekom-

men, aufgestaute Gefühle loszuwerden. Sie brauchen klar definierte Auszeiten und unkontrollierte Freiräume, in denen sie sich austoben und ausprobieren können.
Ebenso muss es auch genügend Rückzugsmöglichkeiten, Platz zum Träumen, zum sich Gehenlassen und Selbstfinden geben. Räume, die frei sind von Störungen und Unterbrechungen, seien es institutionelle, menschliche oder mediale.

Schwierig wird das Thema „Gesundheit in der Schule" bei der Angelegenheit „Impfung". Fast jede Generation von SchülerInnen ist davon betroffen. Will man sich über den Sinn einer Impfung ein Bild machen, ist man gezwungen sich mit medizinischem Fachwissen, mit Tabellen, mathematischen Kurven und Statistiken auseinanderzusetzen. Viele Bürger sind, ohne entsprechende naturwissenschaftliche und sprachliche Bildung, in der Regel damit überfordert.
Es gibt beispielsweise eine relative Wirksamkeit RRR und eine absolute Wirksamkeit ARR eines Impfstoffs.
So ist die absolute Wirksamkeit *ARR* des derzeitigen Vakzins von BioNtech /Pfizer laut einem für die Zulassung eingereichten Befund 0,81 Prozent. Die meist kommunizierte relative Wirksamkeit von 95,0 Prozent ist eine geschickt plazierte relative Zahl, laut Ärzteblatt 12/2020 bezogen auf das Verhältnis der Nichtinfizierten zu den Infizierten, ohne Erwähnung der Gesamtprobanden.
Man sieht, ohne einen genauen Blick auf Zahlen, Fakten und Wortbedeutungen ist man leicht manipulierbar. Mitglieder der alten Regierung hatten beispielsweise flugs in ihrem Interesse den medizinisch definierten Begriff der Herdenimmunität in „weltweite Impfvollständigkeit"

umgemünzt.

Derartige Tricks zeigten schon die künstlich erzeugten Pandemien der Vogel-und Schweinegrippe, bei denen die Korruption gerade noch rechtzeitig gestoppt werden konnte.

Impfungen können helfen, aber sie können die Menschen auch brechen. Sie können Mittel zur Verängstigung, Kontrolle und Abzocke des uninformierten Bürgers sein. Die Angst vor dem nächsten Virus, der nächsten Variante wird kontinuierlich in die Köpfe gepflanzt. Politik und Medien schüren, denn sie profitieren vom Angstmodus unseres Gehirns.

Gnade dem, der von Psychologie nichts versteht, der keine Kurven, Wirkungswerte, öffentliche Ansagen und medizinische Fakten zu kombinieren weiß.

Das Narrativ der Angst lässt die Kassen kräftig klingeln. Früher war es die Angst vor dem Teufel, jetzt ist es die Angst vor dem virusbefallenen Mitmenschen, dem die letzte Impfung fehlt.

Pädagogen und PädagogInnen, die sich eigentlich komplex informieren und es besser wissen müssten, fordern mit der Moralkeule schwarzer Rhetorik Solidarität.

Sie muten gesunden, mit einem perfekten natürlichen Immunsystem geschützten Kindern, deren Erkrankungsrisiko gegen Null geht, in Impfmobilen auf dem Schulhof die gentechnische Impfung mit hochkanzerogenen Stoffen zu.

Warum? Damit der bisher schon fragwürdige Unterrichtsbetrieb wieder in die Optimierungsschiene gelangt? Damit ohnehin geimpfte Erwachsene geschützt werden? Damit Finanzjongleure und korrupte Politiker sich noch mehr bereichern?

Es ist höchste Zeit diese Auswüchse zu stoppen.

Brechen wir auf zu Mitgefühl mit unseren Kindern, dem Kostbarsten was wir haben.

Zerstören wir nicht in vorauseilendem Gehorsam gegenüber genormten Experten und Autoritäten ihre perfekte Natur. Seien wir weiter als die Menschen in Stanley Pribrams Experiment (siehe nächstes Kapitel).

14. Zugewandtheit lebt von Freiheit und klarem Denken

Wer die Geschichte nicht erinnert, ist verurteilt, sie neu zu durchleben

Georg Santayana

Lernen in Bildungsinstitutionen braucht eine neue Ausrichtung, die sich an Fairplay, Empathie und Hirnforschung orientiert. Wir brauchen die Vermittlung psychologischen Wissens an unseren Schulen, damit wir unser lernendes Gehirn, die Vorzüge und Abgründe unserer Mensch-Natur erfassen. Klares Denken gelingt nur, wenn wir unsere Tiernatur in unsere Denkprozesse integrieren können.

Jede und jeder von uns Menschen ist über seinen Drang zur Gruppe und zur Unterordnung unter „Autoritäten" enorm manipulierbar.

Stanley Milgrams Experiment von 1961, bei dem über die Hälfte aller Versuchspersonen **ohne irgendeinen Anlass, aus purer Expertengläubigkeit und reinem Autoritätsgehorsam einem Professor gegenüber,** ihren zitternden und schreienden Mitmenschen Stromstöße bis 450, fast tödlichen Volt verpassten, zeigt dies in erschütternder Weise.

Tun wir in unseren Schulen alles, um unsere Natur besser kennenzulernen und unsere Bedürfnisse zu transformieren. Dann sind wir Mensch.

Die Qualitäten der Zukunftsintelligenz sind Stärken wie Verbundenheit, sprachliche Gewandtheit, gegenseitige Achtung und Wertschätzung. Gieriges Macht- und Profitdenken, neurotisch gesteuert durch die Ausschaltung von Teilen des Gehirns, ist nicht mehr zeitgemäß. Es führt zu nichts anderem als zu ewiger Neutraumatisierung der Generationen. Der Weg unserer Spezies „Mensch" ist der, dass wir unser Gehirn genauer kennenlernen und unsere sozial-empathischen Fähigkeiten besser „anzapfen". Vernunft geht neuronal einher mit einer gut entwickelter Menschlichkeit und Wertschätzung des scheinbar Kleinen und Unscheinbaren.

Bildungsinstitutionen brauchen humanere, demokratischere und intelligentere Strukturen als bisher, wollen sie die großen Herausforderungen der Zukunft bewältigen. Nur mit der Kreativität und Feinfühligkeit junger Menschen kann sich ein tragfähiges Zukunftsbewusstsein entwickeln. Schule muss endlich lehren wie man Demokratie lebt und pflegt, wie man die Würde des anderen respektiert.
Es ist wichtig, jungen Menschen bewusst zu machen, dass Streiten und Ringen um einen Konsens zu einer guten Demokratie gehören, dass unterschiedliche Meinungen für Fortschritt wichtig sind und diskutiert werden müssen, ohne dass man sich feindlich gegenübersitzt und gesellschaftlich oder medial niedermacht.
Im demokratischen Diskurs geht es nicht darum Recht zu haben, sondern um Wahrheitsfindung. Dazu gehören ein entsprechender Umgangston, eine faire Rede und das Gefühl psychischer Sicherheit.
Rechtsstaatlichkeit und freiheitliche Demokratie sind eine große menschliche Errungenschaft, für deren Erhalt es sich lohnt, starke Anstrengungen zu unternehmen. Innerhalb

der Geschichte ist bisher keine Lebensform bekannt, die eine menschlichere wäre. Freiheit lebt aber von Vernunft und Weitsicht.

Freiheit und Frieden auf der Welt gibt es dauerhaft dann, wenn wir alle unsere neurologischen Schaltkreise Hirnstamm, Zwischenhirn und Großhirn vernünftig miteinander vernetzen können und uns soweit im Griff haben, dass wir auch in Konfliktsituationen den mitmenschlichen Zugewandtheitsmodus nicht verlassen.

Die Autorin kann weder Haftung noch Verantwortung für eventuelle Folgen übernehmen, die direkt oder indirekt aus den in diesem Buch gegebenen Informationen resultieren oder resultieren sollen.

Literaturhinweise

Folgende Bücher kann ich zum vertieften Weiterlesen empfehlen.
Aus ihnen habe ich teilweise auch Textstellen oder Abschnitte sinngemäß wiedergegeben.

Rita Carter, Das Gehirn, München 2010

Nils Birbaumer, Dein Gehirn weiß mehr als du denkst, Berlin 2014

Wladislaw Jachtchenko:Weisse Rhetorik, München 2021

Daniel Coleman, Konzentriert euch, New York 2013

Daniel Coleman, Social Intelligence, New York 2006

Manfred Spitzer, Digitale Demenz, München 2012

Rolf Dobelli, Die Kunst des klaren Denkens, München 2011

Eugene T. Gendling, Focusing, New York1982

Maria Konnikova, D1E KU5NT DES LGOI5CHEN DNKENS, USA 2013

Daniel Schacter, THE SEVEN SINS OF MEMORY, USA 2002

Ken Blanchard, Sheldon Bowles, Gung HO!,New York 1998

Karl Heinz Brisch, Bindungsstörungen, Stuttgart 2008

Sigrid Chamberlain, Adolf Hitler die deutsche Mutter und ihr erstes Kind,
Deutschland 1997

Raphael M. Bonelli, Perfektionismus, München 2014

Kevin Dutton, Gehirnflüsterer, München 2012

Rolf Sellin, Bis hierhin und nicht weiter, München 2014

Horst Lutz, Lifekinetik, Gehirntraining durch Bewegung,
München 2010, München 2012

Nathaniel Branden, Die 6 Säulen des Selbstwertgefühls,München 1995

Vann S. Joines und Ian Stewart, Persönlichkeitsstile,
Paderborn 2008

Paul Ekmann, Gefühle lesen, Heidelberg 2007

Jörg Blech, Gene sind kein Schicksal,Frankfurt 2012

Ulrike Stednitz, Mythos Begabung, Bern 2008

Dr. Jill B. Taylor, Mit einem Schlag, München 2008

Olivia Fox Cabane, The Charisma Myth, USA 2012

Peter A. Levine, Verwundete Kinderseelen heilen, München 2006

Peter A. Levine, Trauma-Heilung, Essen 1998

Helga Pohl, Unerklärliche Beschwerden, München 2010

Pierre Pallardy, Bauchgefühl, München 2008

Matthias Pöhm, Schlagfertig auf dem Schulhof, München 2008

Ingrid Müller-Münch, Die geprügelte Generation, Müchen 2013

Daniel Tammet, Wolkenspringer, Von einem genialen Autisten lernen, München 2010

Christiane Fischer, Jürgen Reitemeier, verbale Angriffe, Augsburg 2012

Sandra Konrad, Das bleibt in der Familie, München 2013

Thomas Schäfer, Wenn Liebe allein den Kindern nicht hilft, München 2002

Christina Berndt: Resilienz, München 2013

Joachim Bauer, Warum ich fühle was du fühlst, Hamburg 2005

Friedemann Schulz von Thun, Miteinander Reden, Band 1
Hamburg 2001,

Band 2 Hamburg 2006, Band 3, Hamburg 2006

Onno van der Hart, Ellert R.S. NIJENHUIS u. Kathy Steele:
Das verfolgte Selbst, Paderborn 2008

Bärbel Wardetzki, Weiblicher Narzissmus, München 1991

Steve Biddulph, das Geheimnis glücklicher Kinder,
München 2001

Herbert Schwinghammer, Essen das intelligent macht,
Deutschland 1997

Claudia Daiber, Essen das glücklich macht, Deutschland
1997

Paul Bühre, 15, Teanie Leaks, Berlin 2015

Vera F. Birkenbihl, Jungen und Mädchen: wie sie lernen,
Deutschland 2011

Rita Scheuermann: Vom Hören zum Lesen, Donauwörth
2006

aerzteblatt.de, 3.Dez. 2020

Mein besonderer Dank gilt meiner Tochter, die für Sachlichkeit und Lösungssinn in diesem Buch sorgte. Er gilt meinen großartigen, unermüdlichen und geduldigen LektorInnen und Lektoren.

Ganz großer Dank gebührt auch meinen Kunstmeisterinnen. Sie haben mir gezeigt, was Menschlichkeit in schwierigen Zeiten bedeutet, was es heißt „Potenzial zu entwickeln", und wie wichtig die Rückmeldung in gutem Ton für die Lernlust ist.